A Fundamentação Racional das Decisões Judiciais e a Garantia da Democracia

Rodrigo Reis Ribeiro Bastos

Índice

Prefácio...*4*

Introdução...*10*

Capítulo I...*39*

Direito e a teoria do conhecimento.....................*39*

Capítulo II...*82*

As regras de inferência.....................................*82*

Capítulo III...*148*

Explicitação dos Axiomas.................................*148*

Capítulo IV...*210*

Explicitação dos termos ou Dogmática jurídica.*210*

Conclusão...*249*

Referências Bibliográficas.................................*254*

Prefácio

O texto que ora se apresenta é parte do resultado de pesquisa desenvolvida ao longo de muitos anos. Desde muito jovem nunca fiquei satisfeito com explicações pouco convincentes ou incompreensíveis para as regras que me eram impostas. Menos ainda quando as regras não vinham acompanhadas de qualquer explicação (talvez seja por isso que a carreira militar nunca tenha me atraído). Essa postura deve ter dado muito trabalho aos meus pais e professores já que a chamada "idade dos porquês?", no meu caso, nunca chegou ao fim. Ao travar os primeiros contatos com o Direito desenvolvi uma obsessão pela justificativa das lições que me eram dadas. Não era capaz de compreender qual critério meus professores (e a doutrina em geral) utilizavam para determinar qual solução jurídica (doutrinária ou judicial) era a mais correta e adequada para cada caso. Em suma, não conseguia compreender o que distinguia uma afirmação jurídica brilhante de uma estúpida.

Como todo estudante de Direito da minha geração comecei tentando entender e aplicar o método de Savigny. O que foi extremamente frustrante pois toda vez que mudava a ênfase adotada (por exemplo, da histórica para a sistemática) obtinha resultados contraditórios, justificáveis e válidos no âmbito dessa teoria. Com isso, conclui que o recurso a esse método é inútil para a avaliação dos julgados na medida em que quase tudo pode ser justificado por ele.

Obviamente, dado a minha natureza, não fiquei feliz com essa conclusão e fui tentar encontrar um critério discernível com a aplicação dos métodos da lógica dedutiva ao direito. Pensei que a lógica formal dedutiva

4

poderia resolver a questão. Como o único problema para a aplicação do modelo lógico seria a definição dos axiomas (fundamentos) e a eliminação da ambiguidade dos termos jurídicos bastava fixar, arbitrariamente, os axiomas e conceitos para que o modelo de tabelas de verdade desse conta do recado. Mas essa abordagem não funciona e não tem como funcionar. Ela não leva em conta uma série de problemas de ordem prática e um problema teórico gravíssimo, que reside na natureza do raciocínio jurídico. O direito funciona com a constante interação de duas ordens distintas: uma do ser (ontológica) e outra do dever (deontológica). Como a dedução de um ser de um dever (e vice versa) não são operações válidas a regra de inferência usada nos raciocínios jurídicos/judiciais não pode ser a da dedução, mas sim a da indução, em especial a inferência analógica. Ao utilizar a matriz indutiva ao invés da dedutiva todo recurso as tabelas lógicas de verdade é inútil. Há que se ter outra abordagem.

Continuando a busca, imaginei que talvez fosse possível usar três matrizes lógicas distintas uma dedutiva (para a verificação da validade da norma aplicável) e duas indutivas (a inferência da melhor explicação para a fixação do fato e a analogia para a extensão dos efeitos pretendidos pela norma ao fato). Acho que isso pode até funcionar mas esse modelo tem limitações, é possível limitar a arbitrariedade (subjetividade) mas não elimina-la.

Para tentar desenvolver esse método e reduzir ao máximo o grau de arbitrariedade voltei meus estudos para a epistemologia, em especial para o aspecto concernente a justificação racional como requisito para a obtenção do conhecimento. Ao fazer isso me deparei com algo curioso. Descobri que toda justificação racional, por mais fantasiosa, mítica e rocambolesca que seja, está estruturada como um sistema formal, por vezes esse sistema é hierarquizado e por vezes opera com a relação de continente e conteúdo (ou gênero e espécie). Mas o desconcertante foi descobrir que, não importando como eles estejam estruturados, todos os sistemas formais são, em última instância arbitrários e padecem dos mesmos limites. Até a matemática (descobri isso com Frege e Bertand Russel) e a física (foi surpreendente a leitura N.R.Hanson) tem sérios problemas de consistência e são construídas com uma elevada dose de arbitrariedades. Como se isso não fosse o suficiente para incrementar meu natural ceticismo, descobri que os sistemas formais (nos quais a humanidade presunçosamente baseia todas as suas certezas inabaláveis) precisam conviver com outros limites inexoráveis decorrentes da classificação e do método indutivo (nesse ponto a culpa é inteira de Deleuze e Hume).

Mas nem tudo são trevas. Nesse caminho descobri que é possível ter um grau satisfatório de certezas e controle sobre a produção científica se nos limitarmos ao "meio" do sistema, ou seja, se acatarmos os axiomas e as regras de inferência como válidas é possível aferir, dentro de um dado sistema, se as decisões são boas ou ruins e se a doutrina é brilhante ou estúpida. O erro consiste em proferir julgados e produzir doutrina de forma errática, isto é, adotando um conjunto de axiomas e chegando a conclusões que são contraditórias com os axiomas escolhidos ou pior ainda, simplesmente decidir sem qualquer justificativa que guarde um mínimo de conexão com a racionalidade.

Qualquer justificação racional, para ser válida, deve ser verificável por terceiros e que a verificação só pode se dar dentro do sistema (seja qual for). Não sendo válida uma justificação que não é consistente com as premissas inicialmente adotadas. Em resumo, embora não sejamos capazes de encontrar uma resposta absolutamente certa isso não implica no fato de que toda conclusão arbitrária e subjetiva seja válida, ainda mais porque somos livres para escolher os axiomas que vamos empregar na construção do raciocínio.

Em termos práticos minha grande preocupação se justifica pela torrente de decisões proferidas diariamente sem nenhuma preocupação com qualquer tipo de justificação racional. A prática de decidir sem justificar ou com a apresentação de uma justificativa irracional deve ser evitada não só por ferir frontalmente a Constituição Federal mas também por se constituir em uma das mais graves ameaças enfrentadas hoje pela democracia brasileira.

Esse texto é uma pequena parte das minhas reflexões sobre o tema, e foi apresentado originalmente como dissertação de Mestrado em Filosofia do Direito da PUC/SP defendida em junho de 2012. Foram feitas somente algumas modificações de estilo para tentar mitigar a eventual aridez dos textos acadêmicos e corrigidos alguns erros de revisão.

Não posso deixar de agradecer a duas pessoas que foram decisivas para que esse livro pudesse vir a púbico. Em primeiro lugar minha grande amiga, companheira e amor de uma vida Cristiane que me deu total apoio e incentivo para que esse livro pudesse ser escrito. Em segundo lugar ao meu mestre, orientador e amigo Márcio Pugliesi que soube compreender minhas inquietações intelectuais e me incentivou a perguntar mais do que responder.

Introdução

A Constituição Federal, em seu artigo primeiro, define o Brasil como um Estado Democrático de Direito. Isso quer dizer que os cidadãos brasileiros somente podem ter sua esfera jurídica, pessoal e patrimonial invadidas pelo Estado se cumpridas as determinações legais que autorizem ou imponham essa invasão. Por um lado, essa limitação da liberdade do cidadão somente pode ser admitida se baseada em leis que sejam produzidas com a observância de um processo legislativo regulado pela Constituição Federal que atribui a função legiferante ao Poder Legislativo e ao Poder Executivo, eleitos, democraticamente, por esses mesmos cidadãos. Por outro lado, o Estado que detém o poder, deve se submeter ao ordenamento jurídico por ele editado, de forma legal, legítima e democrática.

Em outras palavras, o Estado Democrático de Direito impõe limites ao poder na medida em que:

a) Só pode ser exercido contra o cidadão na forma e nas condições legalmente pré-estabelecidas;

b) A legislação que prevê a invasão da esfera jurídica dos cidadãos deve ser elaborada nos termos da Constituição;

c) Por ser um Estado Democrático, essa legislação somente pode ser elaborada por representantes eleitos pelos cidadãos, e por fim;

d) O próprio Estado deve se submeter ao ordenamento jurídico por ele posto.

Para garantir que essas características sejam asseguradas a Constituição prevê uma série de mecanismos, sendo o principal deles a tripartição de poderes. Enquanto ao executivo e ao legislativo cabe a função legiferante (em conjunto, pela edição de medidas provisórias que serão votadas pelo congresso e leis votadas pelo congresso e submetidas a sanção do executivo) por terem sido eleitos pelo voto dos cidadãos a quem as leis se destinam. Ao judiciário, composto por servidores concursados e nomeados pelo executivo e/ou legislativo, cabe a verificação da observância dessas mesmas leis tanto por parte dos particulares quanto por parte do Estado.

O judiciário garante, de forma democrática e legítima, a aplicação das normas gerais e abstratas criadas pelo legislativo e pelo executivo com a edição de normas concretas e individuais (sentenças). Essas normas concretas atendem ao requisito da democracia na medida em que é assegurado às partes que serão atingidas por elas o direito de petição (direito de se dirigir ao poder judiciário), o direito à ampla defesa e o direito ao contraditório. Assim como os cidadãos somente podem ser afetados por normas gerais produzidas por agentes por eles eleitos, as normas individuais e concretas somente podem ser criadas se ofertadas ao cidadão que por elas poderá ser atingido a faculdade de intervir em sua elaboração. Dessa forma se garante a democracia não só na produção de normas gerais e abstratas (leis em sentido amplo) como também na elaboração das normas individuais e concretas (sentenças em sentido amplo).

No entanto, para que o Estado Democrático de Direito seja garantido quando da edição de normas individuais e concretas é imprescindível, além do que já foi dito, que essas normas sejam criadas dentro dos parâmetros e limites postos e impostos pelas normas gerais e abstratas. A verificação dessa correlação e, portanto, da correção das decisões judiciais só pode se dar pela via da análise dos seus fundamentos e justificativas. É por esse motivo que a própria Constituição, em seu artigo 93 inciso IX, determina que as decisões judiciais devem ser fundamentadas. Assim temos:

A) A esfera jurídica dos cidadãos só pode ser invadida por força de lei;

B) Essas leis são cridas por agentes eleitos democraticamente;

C) Quando as leis não são observadas espontaneamente é garantido o acesso ao poder judiciário que, após o devido processo legal, editará, para o caso, uma norma individual e concreta;

D) Essa norma individual e concreta deve ser elaborada segundo os ditames das normas gerais e abstratas;

E) A verificação dessa relação entre a norma geral e a norma individual só é possível com a análise da fundamentação e justificação das decisões judiciais, por isso;

F) A correta, racional, explícita e exaustiva fundamentação e justificação das decisões emanadas do poder judiciário é imprescindível para a garantia do Estado Democrático de Direito estatuído no artigo primeiro da Constituição Federal.

Para cumprir ao propósito de garantia do Estado Democrático de Direito a fundamentação e justificação das decisões judiciais devem ser racionais. Isso quer dizer que devem atender aos requisitos do conhecimento racional em geral, que são a possibilidade de confirmação ou infirmação pela verificação da correção de sua prova pela via das inferências lógicas utilizadas no processo.

Para que isso seja possível a fundamentação e justificação das decisões judiciais devem atender a certos requisitos sob pena de incorreção, inutilidade ou, pior ainda, ameaça frontal ao Estado Democrático de Direito (POPPER, S.d). Esses requisitos são:

A) Explicitação do fundamento;

B) Explicitação das regras de inferência;

C) Formulação da justificação em forma de inferências lógicas;

D) Fixação do conteúdo dos termos usados nas inferências;

E) Não utilização, na justificação, de argumentos que não sejam passíveis de confirmação ou infirmação.

Não se pretende com isso ressuscitar o adágio do positivismo exegético exigido no período pós-revolucionário quando era vigente o Código de Napoleão. Não se pode encarar o juiz como a boca da lei a quem era lícito, apenas, a utilização de um raciocínio dedutivo usando a lei como premissa maior, sendo, expressamente, vedado qualquer tipo de interpretação.

De outro turno não se pode, também, admitir que os julgamentos sejam subjetivos e arbitrários se valendo de justificativas baseadas quer no argumento de autoridade, quer no sentimento íntimo e subjetivo daquele que deve criar a norma individual e concreta. Há que se encontrar um meio termo entre uma impossível e indesejável submissão total do magistrado a lei posta e o total descolamento entre a sentença e o ordenamento jurídico.

O argumento de autoridade, embora muito comum na área jurídica, deve ser evitado a todo custo. Ele parte do princípio que aqueles que são os detentores da verdade, quando falam não precisam de qualquer outra explicação além de suas próprias opiniões. Esse tipo de fundamentação obteve grande popularidade ao longo da idade média (argumentos *ad vericundian*) e foi herdado pelas faculdades de direito. Como os julgadores são egressos

11

dessas faculdades tendem a perpetuar essa forma de justificativa. Seguindo essa linha de argumentação as opiniões dos juízes deveriam ser acatadas pelo fato de terem sido emanadas de pessoas dotadas de autoridade para proferi-las. É fácil perceber a fragilidade desse tipo de argumento na medida em que vários doutos (juízes e doutrinadores) constantemente expressam opiniões diferentes e muitas vezes contraditórias sobre um mesmo tema. Assim se dois juízes de igual hierarquia ou dois doutrinadores de igual renome e titulação emitem opiniões contraditórias sobre um mesmo tema há que se ter outro critério além da autoridade para que se possa escolher qual das opiniões é a melhor. Além disso, há o imperativo constitucional segundo o qual todos são iguais em direitos e deveres a impedir que a opinião subjetiva de um indivíduo goze de autoridade sobre o resto da sociedade. As decisões devem ser acatadas como corretas e válidas pela qualidade de sua fundamentação pela coesão de sua justificativa e pela competência (legal) de seu prolator e não pelas qualidades subjetivas deste ou daquele indivíduo.

Da mesma forma não é correta a justificação que apela para valores dogmáticos, por sua natureza, impossíveis de demonstração lógica pela via das inferências. Assim, usar como justificativa de decisões critérios puramente pessoais, subjetivos e indefiníveis como se eles fossem compartilhados por toda sociedade é igualmente inadequado. Conceitos tais como: justiça; verdade; o bem; a humanidade, por não serem passíveis de definição não podem ser verificados confirmados ou negados, o que os exclui do âmbito da justificativa racional.

Para que seja possível a avaliação das decisões o primeiro passo é a fixação de critérios para a distinção entre o conhecimento e a ignorância. É fato que a definição do conhecimento está longe de ser unânime, no entanto, para que o presente texto seja compreensível, é indispensável a fixação do que se entende por conhecimento.

A definição clássica de conhecimento encontrada nos compêndios de epistemologia e de filosofia é a de crença, verdadeira e justificada (CVJ). Essa definição não é adequada para a distinção entre o conhecimento e a ignorância, isso porque seus termos são vagos e contraditórios.

Crença, segundo o dicionário é o ato de crer (HOUAISS, 2002). Nesses termos a crença possui três características principais: a) exige o comprometimento subjetivo daquele que crê, isto é, a crença deve ser sincera; b) aquele que crê o faz por crer na verdade do que afirma, toda crença é verdadeira para o crente, se assim não fosse (em caso de dúvida) o crente não teria o comprometimento subjetivo que é a primeira característica de toda crença; c) há a ausência de necessidade de justificação, aquele que crê na verdade de uma afirmação não precisa de justificação, nesse contexto a justificação não se presta a demonstrar a pertinência do conteúdo da crença mas apenas a mostrar para os "infiéis" a evidência da crença. Assim a expressão CVJ é pleonástica já que toda crença, por definição, é verdadeira para aquele que crê e, sendo verdadeira, não depende de justificação.

O componente da verdade é um pouco mais complexo. O termo verdade pode ser analisado como um valor ou como uma definição.

Os valores estão no campo do absoluto. O absoluto é metafísico, está fora do espaço e do tempo, por isso é universal e necessário (deve ser aplicado a todos, de forma indiscriminada em qualquer espaço ou tempo) (ECO, 1997). Na medida em que os valores são universais, necessários e estão fora das dimensões de espaço e tempo não há como se comprovar ou negar sua validade ou pertinência. Os valores, em geral, são expressos por termos dotados de uma grande carga emocional (muitas vezes grafados em maiúsculas, tais como Justiça, Direito, Belo, Bom, etc... (PERELMAN, 2004)).

A verdade como valor é evidente não precisa e não é passível de qualquer explicação ou demonstração, apenas é. Essa verdade/valor é levantada por todos como uma bandeira que dela se servem para justificar tudo aquilo que não é verificável. Nesse movimento o valor/verdade é invocado para sustentar posições, opiniões e convicções as mais contraditórias. São exemplos marcantes as várias convicções morais e religiosas que sempre se pretendem universais. Cada credo, religioso, cultural ou acadêmico, se afirma detentor da verdade como valor absoluto, universal e necessário. Por isso, o valor/verdade, como se verá, deixa de ter utilidade para a construção do conceito de conhecimento.

Da mesma forma, como definição a verdade encontra sérios problemas a sua utilidade. A definição de verdade está atrelada a correspondência entre um enunciado e alguma outra coisa. As principais correspondências invocadas são entre os enunciados e as coisas; entre os enunciados e a aparência das coisas e entre um enunciado e outro enunciado.

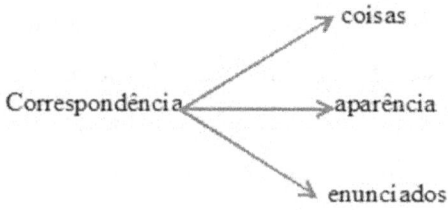

A fórmula genérica da verdade como correspondência é a seguinte: "é verdade que a neve é branca, sempre que a neve for branca" (TARSKI, 1944). O problema está em saber como essa correspondência é possível e se o enunciado deve pretender corresponder as coisas mesmas, as aparências dessas coisas ou apenas a outro enunciados. Na medida em que se faz necessária a explicitação desses parâmetros e dos critérios que serão adotados um em detrimento dos outros a verdade como definição passa a se confundir com a justificação.

Assim a verdade como valor é imprestável ao conceito de conhecimento na medida em que não é passível de confirmação ou de infirmação por estar situada na ordem do absoluto, já a adoção da verdade como definição se confunde com a própria justificação. Por esses motivos o conceito de conhecimento como crença, verdadeira e justificada (CVJ), vem sendo, paulatinamente substituído por outro, o de asserção justificada que um sujeito faz sobre uma proposição (AJsp). Esse conceito, embora também esteja repleto de problemas, é mais útil, por isso melhor.

A asserção é mais adequada do que a crença pela sua plasticidade. Uma asserção é a afirmação de concordância ou discordância sobre uma sentença. Essa afirmação deve ser justificada por não possuir o componente subjetivo da crença. Como já se viu aquele que crê não precisa de qualquer justificação para sua crença porque que está convicto de sua pertinência e deve estar subjetivamente comprometido com a verdade/valor de sua crença. Ao contrário quem afirma não possui esse comprometimento e pode alterar sua afirmação a qualquer tempo sem nenhum constrangimento. De fato, espera-se de um indivíduo razoavelmente educado que ele só faça asserções a respeito das quais já ponderou e obteve, para elas, uma justificativa racional que será capaz de transmitir aos demais membros da comunidade. Do mesmo modo aquele que faz afirmações após uma ponderação de justificações racionais deve ser capaz de modifica-las frente a percepção de um eventual erro no processo de justificação ou frente a apresentação de uma justificativa melhor formulada ou melhor fundamentada. Esse tipo de conduta é totalmente incompatível com a crença que está fundada no valor absoluto de verdade.

Para que seja considerada conhecimento a asserção deve, além de justificada, ser proferida por um sujeito. Isso significa que deve se levar em conta aquele que faz e justifica a asserção, não mais no sentido do argumento de autoridade, mas considerando a influência determinante que o sujeito exerce sobre o objeto do conhecimento. Não existe um "mundo objetivo" estático pronto para ser descoberto, de fato só há um objeto em relação a um sujeito determinado. É impossível conhecer o mundo de um ponto de vista arquimediano, isento e imparcial (ARENDT, 2007). O sujeito ao formular uma proposição e uma asserção sobre ela está efetuando um corte no mundo tal como percebido por ele, desta maneira pode-se afirmar que só existe um objeto em relação a um sujeito e só existe um sujeito em relação a um objeto, sujeito e objeto não fazem sentido senão em relação um com o outro. Dito isso fica claro que o conhecimento é relativo já que a escolha das proposições (objeto do conhecimento) é um ato parcial relativo a um sujeito determinado.

A primeira vista pode parecer que essa relatividade condena o conhecimento ao subjetivismo ou ao solipsismo, mas não é assim já que a relatividade não está nas respostas (asserção e justificação), mas nas perguntas (proposições). A asserção deve decorrer logicamente da justificação, que para

16

ser válida, e considerada conhecimento, deve seguir um procedimento racional escalonado na forma de inferências lógicas. O encadeamento dessas permite a verificação da pertinência e da correção da asserção formulada.

Outro conceito tido como problemático é o de proposição. Uma proposição pode ser definida como uma sentença completa (não no sentido jurídico, mas no sentido gramatical) composta por um sujeito um verbo e um predicado. O verbo que integra as proposições é, em regra, o verbo ser. A proposição é formulada atribuindo um predicado a um sujeito (da proposição e não do conhecimento), na forma "x é y". O sujeito do conhecimento faz sobre essa proposição uma afirmação positiva ou negativa (concordo que "x é y" ou discordo que "x é y"). Essa afirmação (asserção) deve ser demonstrada (justificada) por meio de um encadeamento de inferências lógicas.

Inferência lógica é a forma de raciocínio pela qual a partir de duas afirmações distintas se é capaz de formular uma terceira de forma provável ou aparentemente necessária. As principais inferências usadas no processo de justificação são: a indução que se divide em generalização indutiva, analogia e inferência da melhor explicação e a dedução.

A generalização indutiva é forma pela qual de vários casos particulares se extrai uma regra geral e possui a seguinte fórmula:

"a", "b", "c"...."z" são "x"

"a", "b", "c".....''z'' são "y"

Logo

Todo "x" é 'y"

Por exemplo:

João, Pedro, Manoel, Carlos...Mario usam gravatas

João, Pedro, Manoel, Carlos...Mário são advogados

Logo

Todos os advogados usam gravata

A dedução se utiliza da regra geral obtida pela indução para se extrair um caso particular de uma regra geral, com a seguinte fórmula:

Todo "x" é "y"

"a" é "x"

Logo "a" é "y"

Por exemplo:

Todo advogado usa gravata

Joaquim é advogado

Logo

Joaquim usa gravata

Na analogia, estando-se de posse de três elementos conhecidos se tenta inferir um desconhecido estendendo uma característica conhecida de um dado para outro que, em principio, não a possui. Por exemplo:

"a" é "x"

"b" possui algumas características em comum com "a"

Logo "b" é "x"

Por exemplo:

Comer espinafre cru faz mal ao estômago

A rúcula é uma folha verde escura tal qual o espinafre

Logo

É provável que comer rúcula crua faça mal ao estômago.

Na inferência da melhor explicação o que se busca é fazer uma ilação das causas com base nos efeitos. É o tipo de inferência usado na avaliação dos indícios. As regras e as formas dos raciocínios inferenciais serão detalhadas no capítulo 2.

As inferências lógicas são a única forma de justificação racional e verificável que a humanidade conseguiu desenvolver. No entanto isso não quer dizer que elas sejam isentas de falhas, ao contrário, o método de raciocínio inferencial possui sérios problemas que devem ser levados em conta o tempo todo. Apontar esses problemas não significa invalidar a utilização das inferências, nem tão pouco negar-lhes a utilidade, mas apenas demonstrar que seu poder coercitivo é muito menor do que em geral se imagina.

Três são as ordens de problemas: a) o problema da indução; b) o problema da construção de classes e; c) o Trilema de Agripa (GRECO, 2008).

O problema da indução foi evidenciado por Hume (2005) e consiste no seguinte: da constatação de que uma série de eventos ocorreu, até hoje, de certa maneira não se pode inferir que essa série se repetirá, da mesma forma, infinitamente. No exemplo apontado, o fato de até hoje todos os advogados conhecidos usarem gravatas não implica que no futuro os advogados continuarão a usá-las. Nem tão pouco implica que todos os advogados do mundo, mesmo os que não são conhecidos, usem gravatas. A indução está fundada em um hábito e não na natureza das coisas ou em algum tipo de necessidade inexorável. A indução é, antes de tudo, uma extrapolação do conhecido para o desconhecido, tanto em termos de tempo (o que foi e o que

19

será) quanto em termos de generalidade (a partir de uma amostra se conclui o todo). A descoberta de uma exceção invalidaria a conclusão da inferência apresentada. Basta que um advogado não use ou venha a não usar gravata para que a conclusão obtida seja infirmada. Uma vez invalidada essa conclusão inválidas serão as inferências dedutivas que a utilizem como premissa maior. A ciência empírica experimental que tem por objeto os fenômenos observáveis está baseada em raciocínios de matriz indutiva. Como o resultado da indução se converte na premissa maior da dedução, em última análise, os problemas da indução acabam por contaminar o raciocínio dedutivo. Por isso existem tantas mudanças de conceitos nas ciências experimentais. A criação de uma regra infalível é impossível, o máximo que se pode conseguir com a indução é o desenho de um padrão que indica uma probabilidade e não uma certeza.

Além disso, há a questão das classes que atinge a todas as inferências. O processo de classificação se dá pelo agrupamento de indivíduos em conjuntos. Esses conjuntos serão usados nas variáveis proposicionais das inferências. Assim quando se diz todo "x" possui a característica "y", na verdade se está a afirmar que os membros da classe "x" possuem a característica da classe "y". A construção de inferências sem a prévia ordenação do mundo em classes não é possível. Existem duas formas de classificação uma em que os membros da classe nada têm em comum além do fato de estarem agrupados de forma arbitrária (classificação extensional), a outra leva em conta certas características que os membros da classe (supostamente) tem em comum (classificação intencional) (RUSSEL, 1981).

A classificação intencional possui dois problemas conceituais de difícil superação. O primeiro é a inexistência efetiva de características idênticas comuns a dois indivíduos (DELEUZE, 2009). O segundo é a pertinência ou não de um indivíduo a uma classe dada.

Os seres humanos tem sua capacidade de percepção condicionada ao contraste. Só é perceptível aquilo que é diferente. Para a percepção humana duas coisas exatamente iguais, sem nada que as distinga, são uma única coisa. Esse é o princípio conhecido como da identidade dos indiscerníveis.

Um mesmo indivíduo possui várias características o que torna possível a sua inserção em mais de uma classe, fica então a questão sobre a qual dentre essas características é a principal ou a essencial que justificará a inserção em uma ou outra classe quando a inserção em ambas for contraditória.

Por esses motivos a classificação intencional sempre pode ser posta em dúvida já que, de um lado as características comuns essenciais que justificam a inserção na classe não são de fato comuns, mas só similares, e de outro dado a pluralidade de características de cada indivíduo a escolha de uma delas como essencial em detrimento das demais será sempre arbitrária e por isso não justificável.

O problema das classes se verifica em todos os tipos de inferências lógicas aqui abordadas. O raciocínio jurídico se dá por via de inferências, por esse motivo, no direito, os problemas enfrentados pelos raciocínios inferenciais, principalmente os tocantes a classificação, são de especial interesse.

O Trilema de Agripa pode ser visto como um problema ou uma característica externa ao raciocínio inferencial. A asserção sobre uma proposição será justificada sempre que decorrer de um raciocínio que possa ser validado por outras pessoas.

Toda inferência depende de premissas que são resultado de outras inferências anteriores. Assim as premissas das inferências que formam a justificação de uma asserção também devem ser justificadas racionalmente com base em outras inferências, que por sua vez, possuem premissas, resultado de outras inferências e assim por diante. O Trilema de Agripa afirma que a justificação racional levada às suas últimas consequências irá resultar, sempre, em uma de três vias não racionais: a) na regressão infinita de uma inferência a outras anteriores; b) na circularidade, onde a asserção que está sendo justificada acaba por integrar a própria justificação ou; c) a petição de princípio (dogmatismo) em que são fixadas premissas últimas sobre as quais não se admite mais discussão. A regressão infinita é impossível, a circularidade é um erro, então o que resta é o dogmatismo.

Toda justificação racional necessita de um fundamento dogmático. Esse fundamento é uma escolha arbitrária e subjetiva daquele que faz a asserção justificada sobre uma proposição. O fundamento de uma justificação é posto na forma de axiomas a partir dos quais serão construídas as demais inferências. Toda correção da justificativa deve ser avaliada com base em seus fundamentos dogmáticos. Se negada a validade dos fundamentos toda discussão posterior é ociosa. Admitida a validade dos fundamentos resta verificar se a passagem de uma inferência a outra, até a conclusão final (asserção) se deu de forma correta ou se possui erros de construção.

Os seres humanos vivem em sociedades. O que distingue uma sociedade de outra é o seu fundamento comum (DIJK, 2003). Fundamento comum, como o nome diz, são as escolhas dogmáticas em comum que um dado grupo social faz como ponto de partida de seu modo de vida. Assim,

22

quanto mais próximo do fundamento comum for o fundamento dogmático adotado pelo sujeito que faz e justifica asserção, maiores serão suas chances de êxito. Por melhor formulada que seja uma justificação se negado seu fundamento não há mais como validar o raciocínio.

Uma decisão judicial é estruturada na forma de um silogismo de dupla conclusão em que é utilizada a inferência do tipo analógica. A norma ocupa a posição da premissa maior, os fatos a premissa menor, a declaração da subsunção a primeira conclusão ou conteúdo, e a eficácia a segunda conclusão, por exemplo:

> Premissa maior: Art. xxx do CC aquele que causa prejuízo a outrem deve indenizar;
> Premissa menor: João causou prejuízo a Pedro;
> Conclusão 1: João deve indenizar Pedro;
> Conclusão 2: Condeno João ao pagamento de uma indenização de R$ 10,00.

Embora o ato de sentenciar pareça decorrer de uma inferência dedutiva a matriz desse raciocínio é indutiva. A afirmação de fato que é referida na premissa menor do silogismo é uma construção decorrente de uma série de inferências da melhor explicação que tem por base a comparação dos vários indícios das causas que produziram os acontecimentos contidos nos autos. Em seguida é usado um raciocínio analógico para justificar a aplicação de uma norma a esses fatos. Na medida em que a indução é um tipo de raciocínio que conduz a conclusões apenas prováveis que não são tautológicas nem tão pouco necessárias há uma maior ou menor probabilidade de que a conclusão obtida esteja correta. A questão é que uma probabilidade sempre gera uma probabilidade inversa. Por exemplo: se há sessenta por cento de chances de correção há quarenta por cento de chances de erro. Dessa forma a escolha de uma ou outra decisão deve ser levada em conta.

É claro que o ato decisório conta com a participação ativa do sujeito que decide, mas o fato é que esse sujeito deve ser visto como um sujeito do conhecimento que tem o dever de justificar as asserções proferidas sobre uma dada proposição. A decisão judicial nada mais é do que a escolha de uma proposição e a formulação de uma asserção sobre ela por um dado sujeito (AJsp), e os critérios para diferenciar o conhecimento da tolice são os mesmos que devem ser usados para distinguir a boa da má decisão judicial. Para que seja possível a avaliação da decisão, assim como da produção científica, é indispensável que o método utilizado seja claro e explícito para que a asserção (conclusão do trabalho científico de do julgamento) seja passível de verificação, confirmação ou infirmação (POPPER, 2007).

No caso do conhecimento jurídico e das decisões judiciais o fundamento está sempre ligado a concepção que se defende sobre a natureza do Direito em si e sua correlação com o mundo não jurídico. Esses fundamentos podem ser reduzidos a uma divisão em dois grandes grupos: os essencialistas e os relativistas. Os essencialistas se dividem na corrente jusnaturalista e no positivismo exegético. De outro lado os relativistas se dividem em positivistas e culturalistas. Os essencialistas adotam uma postura fundada no valor/verdade de matriz platônica e cristã segundo a qual há um direito prévio, completo e imutável e só cabe ao seu operador ou estudioso a descoberta da verdade que é única e pré-existente. A divisão entre positivistas exegéticos e jusnaturalistas diz respeito a fonte da verdade/valor. Para os

24

positivistas exegéticos essa fonte está em um legislador mítico que deve ser obedecido a todo custo, sendo as decisões judiciais e obras doutrinárias apenas uma clarificação dos ditames desse legislador. Para os jusnaturalistas a fonte do valor/verdade do direito está no absoluto, é externa ao direito e pode ter origem: na vontade de Deus; na natureza das coisas; na natureza humana. Já os relativistas encaram o direito como mutável, variável de acordo com as dimensões de tempo e espaço e que, por isso, tem em seus operadores agentes ativos em sua criação. Para esse segundo grupo o direito é criado a cada aplicação. Isso não significa que as decisões possam ser arbitrárias, ao contrário, elas estão vinculadas ou ao ordenamento jurídico (no caso dos positivistas) ou ao fundamento comum de um dado grupo social. O esquema que se segue deixará mais claro os tipos de fundamentação mais comuns às decisões judiciais:

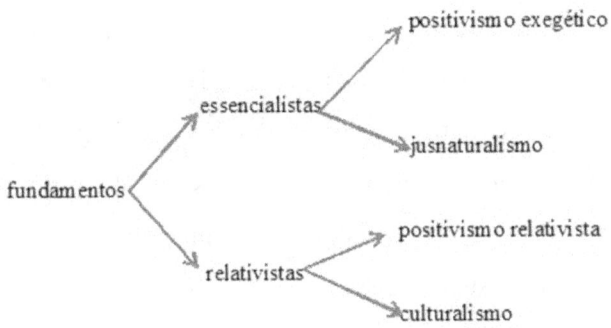

Uma vez estabelecida a premissa da decisão (seu fundamento) há que, a partir dela, construir os demais silogismos em forma de analogias que conduzirão a decisão final. Esse fundamento deve ser explicitado na medida em que a correção dos raciocínios lógicos, que servem de justificação para o julgado, somente poderá ser avaliada com base na fixação desse fundamento (recorde-se o Trilema de Agripa). O magistrado profere uma decisão na qualidade de representante de um poder outorgado pela sociedade, devendo observar os valores dessa sociedade e não aos seus valores individuais, por isso é razoável que o fundamento dogmático seja avaliado concluindo se está de acordo com a escolha feita pela maioria da sociedade (fundamento comum). Essa avaliação tem lugar na esfera do próprio poder judiciário e deve ser levada a cabo com o uso dos instrumentos inerentes: ao direito de petição, ao direito a ampla defesa e a garantia do devido processo legal.

Explicitada a fundamentação o passo seguinte é a fixação das regras de inferência. Para que essas inferências sejam compreensíveis deve-se estabelecer precisamente o significado das variáveis nelas contidas. A verificação da validade de uma inferência em abstrato é um procedimento que não apresenta maiores problemas dentro da lógica formal. O problema se dá quando o conteúdo das variáveis passa a possuir significados múltiplos, ou melhor, quando o conteúdo das variáveis deixa de ser unívoco. É o que acontece em toda língua natural e com o Direito. Por exemplo, as questões: o casamento é um contrato? Podem se casar pessoas do mesmo sexo? Terão respostas distintas dependendo das definições que se dê dos termos contrato e casamento. Então uma sentença bem fundamentada além de explicitar seus próprios fundamentos e construir as inferências que, a partir do fundamento, conduzem a decisão deve, também, fixar de forma clara o conteúdo semântico das variáveis proposicionais utilizadas tanto na justificação quanto na asserção.

O esforço que deve ser despendido para a elaboração de uma decisão judicial que atenda aos critérios de um Estado Democrático de Direito é imenso, até mesmo incompatível com o déficit de julgadores e com a crescente judicialização das relações sociais no Brasil. Assumindo que a sociedade brasileira pretende manter o artigo primeiro da CF inalterado, a academia possui dois caminhos a seguir que não se excluem mutuamente: por um lado, com estudos estatísticos detalhados e uma análise da qualidade das decisões proferidas, pugnar pela adequação da estrutura do poder judiciário ao volume de trabalho e as exigências do Estado Democrático de Direito; por outro lado, com a construção de ferramentas que possibilitem a elaboração de decisões em massa, devidamente fundamentadas e justificadas. Esse segundo caminho é o que se seguirá no presente trabalho. O que se pretende é, uma vez demonstrada a necessidade de fundamentação e justificação das decisões judiciais, propor a organização dos conceitos elementares em um sistema fundado na álgebra de Boole que sirva como base para a criação, no futuro, de um algoritmo capaz de dar origem a um programa de inteligência artificial que irá auxiliar a elaboração, fundamentação e justificação das decisões judicias. As vantagens da criação do dito programa são evidentes. Com o desenvolvimento dos conceitos aqui propostos será possível a automatização de boa parte do processo decisório sem que se sacrifique o Estado Democrático de Direito já que as justificações de cada decisão serão elaboradas seguindo às regras da lógica proposicional e dos predicados.

Outra vantagem que decorre do uso de um programa para o auxílio da justificação das decisões é a contenção da crescente usurpação do poder legislativo por parte do poder judiciário. Hoje, os principais tribunais do país

27

criam regras não escritas para a padronização das decisões judiciais, se convertendo em verdadeiros legisladores ao editar normas gerais e abstratas para todos os casos a eles submetidos, a pretexto de cumprir a exigência constitucional da duração razoável do processo. Com o uso de um sistema único haveria um incremento substancial da segurança jurídica e, com isso, seria removido um dos maiores entraves ao crescimento nacional. A tentativa da criação de tal sistema é tarefa que será enfrentada em outro trabalho onde serão empregados maiores recursos de tempo e de tecnologia.

Cabe, ainda, ressaltar que o presente texto se reveste de um conteúdo teórico descritivo. O que se busca é compreender de que forma se pode dar a devida concreção ao comando constitucional que determina que as decisões devem ser fundamentadas, sem que se leve em conta como isso vem sendo feito pelo Poder Judiciário. Uma análise estatística detalhada do efetivo cumprimento do comando constitucional não é compatível com a extensão e os limites de tempo do presente texto.

Para tentar demonstrar a pertinência e a utilidade de tudo o que aqui foi descrito, o trabalho que se segue será estruturado da seguinte forma: Introdução; 1 Teoria do conhecimento e direito; 2 As regras de inferência; 3 Explicitação dos axiomas; 4 Explicitação dos termos ou Dogmática Jurídica; Conclusão; Referências bibliográficas.

Capítulo I
Direito e a teoria do conhecimento

Qual a diferença entre uma decisão judicial correta e uma errada? Qual a diferença entre uma boa e uma má doutrina jurídica?

Essas perguntas podem ser respondidas com recurso ao argumento de autoridade: Se são juízes que proferem as sentenças e os mestres que escrevem a doutrina, é claro que se trata de conhecimento já que há uma presunção de que essas pessoas sabem Direito. Mas há um problema. Mesmo entre juízes e mestres existem muitas disputas e contradições. Sobre um mesmo tema há uma enorme quantidade de afirmações doutrinárias e decisões judiciais diferentes e, muitas vezes, contraditórias. Essas contradições são encontradas em trabalhos (sentenças e obras doutrinárias) de pessoas que estão cobertas pelo argumento de autoridade. Presume-se que eles são possuidores do mais alto grau de conhecimento jurídico, gozando a "presunção de sabedoria". Como então avaliar entre as diferentes posições dos "doutos" qual delas é a melhor? Qual decisão é a correta?

O ponto é: qual a diferença que há entre aquele que sabe e aquele que não sabe? A resposta mais simples imediata e intuitiva é a de que aquele que sabe conhece o tema e o que não sabe não conhece. Essa questão conduz a uma das mais importantes e espinhosas perguntas formuladas pela humanidade. O que é o conhecimento?

O primeiro passo para que seja possível uma avaliação das decisões judiciais e da doutrina jurídica é a fixação de critérios, os mais objetivos possíveis, para diferenciar o conhecimento da ignorância e o erro do acerto. O direito, como todos os ramos do conhecimento humano, não pode se eximir de atender aos critérios e métodos da teoria do conhecimento.

1.1 – Crença, verdadeira e justificada.

No ocidente, o ponto de partida para a teoria do conhecimento é o "Teeteto" (PLATÃO, 2007). Esse texto descreve um diálogo entre Sócrates e o jovem Teeteto em que eles tentam estabelecer qual a diferença entre sensação e conhecimento e entre conhecimento e opinião. Após muitas idas e vindas, chegam à conclusão de que o conhecimento pode ser definido como uma crença, verdadeira e justificada (CVJ) (PLATÃO, S.d). Essa definição é a que consta, até hoje, da maior parte dos compêndios de Filosofia. No entanto, mesmo gozando de larga aceitação, é extremamente problemática.

1.1.1 – A crença

O primeiro problema diz respeito ao termo "crença". O que é crer? Segundo o dicionário, crença é o ato de crer (HOUAISS, 2002)[1]. Crer é julgar determinada afirmação como verdadeira, com ou sem justificativa. Pense, por exemplo, na crença religiosa. Quem crê em Deus afirma sua existência como verdadeira. O mesmo ocorre com todas as demais crenças. Aquele que crê na Medicina afirma a verdade de suas conclusões. Crer, em última análise, é aderir a um juízo de verdade sobre uma dada afirmação. Daí falar em crença verdadeira é redundante. Aquele que crê julga, necessariamente, sua crença como verdadeira. Dessa forma, para o crente a verdade de sua crença é pressuposta, não sendo preciso prova ou justificação. Tanto a justificação quanto o atributo de verdade da definição do conhecimento são dirigidos aos outros e não àquele que crê, o que desloca o problema para o campo da justificativa.

O ato de crer é valorativo e está na ordem do absoluto e é imune a qualquer tipo de justificativa capaz de confirmar ou negar a crença professada. Toda crença tem como requisito uma adesão mais ou menos irracional a um dado sistema de afirmações. Dessa irracionalidade decorre a necessidade de comprometimento do crente com sua crença. Um crente que não seja comprometido com o que professa é uma contradição em termos. A crença independe de qualquer justificação racional, de fato a crença é anterior e está na base de todas as justificações. Mesmo o conhecimento racional e científico está baseado em uma crença, que, como se verá, é anterior a ele. Em resumo, a crença deve ser excluída do conceito de conhecimento pelo seguinte:

A) Toda crença é absoluta e, portanto, incompatível com o processo de justificação;

B) A crença necessita de um comprometimento subjetivo do crente;

C) Esse comprometimento subjetivo não é passível de confirmação ou negação e, por fim;

D) Todo conhecimento, está, em última instância, fundado em algum tipo de crença (não justificável por definição).

Esse último item é de especial relevância já que a crença não pode ser ao mesmo tempo pré-requisito e parte do conceito de conhecimento[2].

31

1.1.2 – A verdade

Pode-se dividir os nomes em dois elementos básicos: as definições e os valores. As definições são sempre variáveis segundo os contextos de espaço e tempo, são relativas. Já os valores se pretendem necessários e universais, invariáveis, não se admitindo relatividades. São tidos como absolutos para aqueles que neles creem.

Pelo seu caráter absoluto os valores estão para além de qualquer justificação, ao contrário as definições devem ser sempre justificadas já que, por serem relativas, podem ser válidas em um contexto e inválidas em outro.

A verdade pode ser encarada como um valor a ser atingido ou como uma definição. Como valor a verdade se constitui em um ser mitológico. Em seu nome pessoas foram mortas, torturadas e queimadas.

A verdade como valor deve ficar de fora da teoria do conhecimento já que, por ser absoluta, não admite confirmação nem negação, apenas é (POPPER, 2007).[3]

Como definição a verdade é vista como correspondência entre um enunciado e alguma coisa, que pode ser a realidade; a aparência da realidade ou o conteúdo de outra definição. Seja como for, uma afirmação será verdadeira sempre que corresponder fielmente a uma dessas coisas. Assim a afirmação "o gato de Flávia é preto" será verdade, se e somente se a Flávia tiver um gato preto. Caso Flávia não tenha um gato ou se seu gato não for preto, afirmação é falsa (TARSKI, 1944)[4]. A simplicidade dessa definição é enganadora na medida em que definir o que seja o real, ou qual aparência deve ser considerada para a correspondência ou ainda qual dos vários significados possíveis deve ser usado para a comparação é uma tarefa quase impossível.

32

Para dizer que a afirmação corresponde à realidade, é necessário que se tenha uma extrema precisão na definição e um conhecimento completo da realidade. Então pergunta-se: O que é um gato? Um gato do mato é um gato? E uma pantera? Em resumo o que é um gato? Qual a essência do gato? As mesmas questões podem ser levantadas sobre preto e sobre Flávia.

Quando se pensa a verdade em termos de correspondência de um enunciado a alguma coisa, deve-se imaginar um mundo real dado e prévio à percepção. Nesse mundo, as palavras são "pregadas" às coisas como etiquetas (WITTIGENSTEIN, 1994)[5]. A verdade, então, dependerá de se acertar o nome que está na etiqueta da coisa (ARAÚJO, 2008)[6].

Nessa linha de pensamento a catalogação do mundo é anterior e independente dos homens, ela está na ordem do absoluto (nada dela escapa) do universal (são verdades que não se alteram por nada, seja pelo tempo, pela cultura, ou pelo espaço). Do absoluto e da universalidade decorre sua necessidade. A verdade como correspondência é assim: absoluta, universal e necessária, situando-se na esfera dos valores e não das definições (ECO, 1997)[7]
.

A maior parte da filosofia ocidental e da visão de mundo de seus cidadãos é baseada na crença de que há alguma coisa de certo, universal, necessário e absoluto. Essa visão se identifica com os vários matizes da filosofia essencialista na medida em que crê na possibilidade de uma realidade última e essencial.

A distinção que há entre as diversas correntes filosóficas essencialistas é a forma com que essas "etiquetas" são coladas nas coisas e como o ser humano pode desvendar o código do absoluto. Uma vez desvendado esse código se descobriria qual é a etiqueta correta, adequando o nome verdadeiro à coisa. Se a verdade está lá fora e se só resta descobri-la, os métodos para essa descoberta não só conduzirão à verdade absoluta, universal e necessária como servirão de meios para a justificativa de todas as crenças. O único inconveniente dessa visão de mundo está na total impossibilidade de confirmação ou negação dos métodos e das conclusões obtidas. Cada escola filosófica desenvolve um valor/verdade absoluto que é injustificável justamente por não ser possível sua confirmação ou infirmação. Trata-se de uma questão de crença. Por isso é lícito afirmar a expressão "crença, verdadeira" é pleonástica.

Os platônicos imaginam que a correspondência entre as palavras e as coisas se dá no campo da metafísica (além da física) e se constitui pela correspondência entre as afirmações e as ideias apreendidas por todos os seres humanos antes de seu nascimento. Ocorre que, ao nascer, os homens esquecem essas ideias puras. Somente os sábios e os filósofos são capazes de percebê-las, portanto são os titulares da verdade (PLATÃO, 2011)[8].

Mais tarde, Aristóteles imagina que a correspondência deve-se dar entre as palavras e as coisas, pela via da observação de coisas simples; o conhecimento, a partir dessa percepção discreta do mundo, desenvolver-se-ia pela via das induções lógicas[9].

Com Descartes se aprende que só é possível ter certeza do próprio eu e que só aquilo que a mente produz pode ser objeto de verdadeiro conhecimento. Esse conhecimento, ainda assim é relacionado ao mundo e pode ser verificado pela via de um método rígido capaz de aproximar nossos pensamentos da realidade prévia dada por Deus (DESCARTES, S.d)[10].

O fato é que cada concepção de mundo e cada indivíduo se arrogam, em um dado ponto, como titulares do conhecimento sobre o verdadeiro ser, relegando os demais visões ao descrédito.

Dado que não há nenhuma garantia de que a percepção humana seja capaz de apreender a essências das coisas surge uma visão de mundo onde o que se pode conhecer não são as coisas em si, mas somente a sua aparência.

Kant, verdadeiro criador do sujeito burguês, admite a total impossibilidade do conhecimento das "coisas mesmas", só é possível a mente humana conhecer as coisas como elas se apresentam e não sua essência. Assim a correspondência doadora da verdade deve ser entre as palavras e a aparência perceptível das coisas, e não entre as palavras e as coisas em si (DELEUZE, 1994)[11]. Essa forma de ver as coisas não resolve o problema da falta de um critério único para a verdade por correspondência, apenas o desloca da essência para a existência[12].

Mais recentemente se concluiu que a verdade está situada no campo da linguagem. A afirmação "é verdade que a neve é branca, se e somente se, a neve for branca", encontra-se totalmente circunscrita ao âmbito da linguagem. Se há alguma realidade para além da linguagem ela ou é inacessível ou inexprimível.

A filosofia até o século XX não havia se libertado da necessidade do absoluto, apenas muda o seu lugar. A crença não depende de justificativa e é, por definição verdadeira para o crente. Assim, os atributos de verdade e justificação são dirigidos a mostrar (não demonstrar) a verdade da crença àqueles que não creem. Nessa medida a tradição clássica difere o conhecimento do palpite pela é justificação fundada nos dogmas comuns ao auditório ao qual a justificação é dirigida, ou seja, aqueles que analisam a pertinência ou não de dada justificativa (PERELMAN, 2004).

A verdade ou falsidade de uma crença (portanto seu status de conhecimento) é dependente dos fundamentos de correspondência daqueles que avaliam as justificativas apresentadas. Para um crente fervoroso, o criacionismo é a verdadeira explicação da origem do mundo. Para um empirista a origem do mundo é uma grande explosão. Para um feiticeiro indígena, dor de dente é causada por um mau espírito. Para um dentista ocidental, trata-se de cáries. Só no início do século XX, a teoria do conhecimento começa a se esgueirar para fora dessa situação, com uma nova abordagem da construção e do uso da linguagem.

Será verdade a afirmação de que o "gato da Flávia é preto", se e somente se a Flávia tiver um gato e ele for preto. Mas o que é um gato? Gato segundo o dicionário é:

> Substantivo masculino Rubrica: mastozoologia. pequeno mamífero carnívoro, doméstico, da fam. dos felídeos (Felis catus), que descende do gato selvagem encontrado na África e Sudoeste da Ásia (Felis silvestris libyca) [A domesticação se deu por volta de 4.000 anos atrás, no Egito(HOUAISS, 2002)

Quando se define a palavra gato, são usadas outras palavras para fazê-lo. Cada uma dessas palavras constantes na definição pode ser definida somente por outras palavras. Feliz ou infelizmente, a mente humana está condenada ao reino das palavras. Um gato só será um gato se for definido dessa forma. Nunca se toca a realidade. Todo pensamento e raciocínio se dão por palavras. A correspondência que dita a verdade se desloca das coisas para as definições. Um enunciado será verdade se corresponder a uma definição prévia. Aparentemente essa forma de ver o mundo impede a ação e a criação de novos elementos e conceitos. O problema da ação comunicativa não é de fácil solução. Como as coisas são feitas? A produção de um pão é questão de linguagem? Essas questões vêm ocupando em grande medida a filosofia moderna[13]. A solução para essas questões não é fácil e extrapola não só os limites desse trabalho como as capacidades desse escritor. No entanto pode-se imaginar que a questão está direcionada ao significado. Só o que está no âmbito da linguagem pode ser compreendido e percebido, fazer pão só é possível na medida em que há uma palavra para isso. O problema mais uma vez escapa pelos dedos e se desloca para a possibilidade da criação de novas coisas e novas palavras.[14] A chave para a solução desse problema parece estar mais em uma reorganização dos elementos conhecidos do que na criação de novos. Como do nada, nada se cria o novo surge de um outro olhar sobre o que já existe e com outra organização dos elementos já disponíveis. Parece que não há verdadeiramente, nunca, uma ruptura radical com o passado.

Na medida em que se conclui pela impossibilidade da verdade/valor (absoluta) e ela passa a ser encarada como uma definição relativa a dado contexto semântico não há mais sentido em incluí-la nos requisitos do conhecimento. Tudo o que é relativo deve ser contextualizado e justificado, assim a verdade/definição (relativa) não só necessita de justificação como acaba com ela se confundindo. Do conceito inicial – crença, verdadeira e justificada – só resta de útil a justificação já que, visto pela ótica dos valores absolutos, crença e verdade são redundantes e visto pela ótica das definições relativas verdade e justificação são redundantes. Como o conhecimento deve ser intersubjetivo, comunicável e, justificável não se pode conceitua-lo como um valor absoluto, donde que há que se optar por outros critérios e definições

A exclusão da verdade do conceito de conhecimento conduz a igual exclusão da crença, já que toda crença é verdadeira para aquele que crê. Como definir então o conhecimento?

1.2 Asserção, justificada de um sujeito sobre uma proposição

Uma vez estabelecido que os conceitos de crença e de verdade são redundantes e que a verdade como correspondência entre as afirmações e o mundo dos fatos devem ser descartadas e admitindo-se que o conhecimento existe, e é possível (que de fato há diferença entre quem conhece e quem não conhece determinada matéria) faz-se necessária outra definição de conhecimento[15].

Descartadas a crença e a verdade da definição de conhecimento, esse passa a ser definido como uma afirmação (ou asserção) justificada que um sujeito faz sobre uma proposição, ou AJsp.

1.2.1 Asserção

A afirmação expressa a concordância ou não com um enunciado. Pode-se afirmar que "o gato de Flávia é preto" ou que "o gato da Flávia não é preto", em outras palavras, pode-se manifestar a concordância ou não com a exatidão da frase inicialmente proposta.

A asserção difere da crença já que não exige daquele que afirma um compromisso de sinceridade nem de coerência. É lícito afirmar que "Maria é dona de um palácio em Minas" e também que "a casa de Maria em Minas é um barraco" sem que essa duplicidade de asserções as invalide. Com a crença não é isso que ocorre, ou se crê que a casa é um palácio ou um barraco, não há como crer nas duas coisas ao mesmo tempo. Pode-se afirmar o que quiser sem que isso invalide a frase como uma afirmação. Quem crê afirma a verdade de sua asserção. Quando a crença e a verdade são removidas da equação, é possível fazer qualquer afirmação sem compromisso com a "verdadeira crença" daquele que afirma[16]. O crente está sempre atrelado ao princípio da não contradição. Como toda crença é absoluta, fora dela só existe o nada, ou as proposições estão "dentro" ou estão "fora" do sistema de crenças, não há meio termo.

É claro que um sujeito que emite asserções contraditórias passa a ter sua credibilidade e seriedade de suas futuras afirmações comprometidas, a menos que possa justificar ou a pertinência da contradição ou o fato de tratar-se apenas de uma contradição aparente. O problema da contradição estaria resolvido no exemplo, se Maria tivesse duas casas em Minas, uma luxuosa e outra humilde.

1.2.2 O papel do sujeito

Durante a maior parte da história do ocidente o conceito corrente de conhecimento se baseou em uma separação absoluta entre o sujeito e o objeto da atividade cognoscitiva.

Essa desejada e propalada separação nunca conseguiu ser provada na medida em que não há garantias de que a observação feita por um sujeito corresponde a que é feita por outro.

Com o desenvolvimento da física moderna se deu a constatação final de que o sujeito observador, pelo simples fato de observar, influencia decisivamente o objeto do conhecimento[17].

Soma-se o fato de que a escolha de um dado objeto de estudo já influi decisivamente nos resultados da observação. Nas ciências sociais isso fica mais evidente já que além do objeto do conhecimento o sujeito também escolhe suas fontes de pesquisa de acordo com seus interesses. E há, ainda, a questão das pré-compreensões (GADAMER, 1997)[18]. O conhecimento é adquirido e se desenvolve sempre tendo por base as experiências anteriores e os conhecimentos acumulados pelo sujeito que conhece. Um novo conhecimento terá como alicerce outros conhecimentos do sujeito. Como cada um possui uma gama de conhecimentos e experiências distintas, cada sujeito irá selecionar e abordar o objeto do conhecimento de maneira diferente. Por exemplo, a visão de um físico, um filósofo e um advogado sobre a responsabilidade paterna para com o sustento e a educação dos filhos será bastante variada.

Por isso o mito da objetividade plena e imparcial é inalcançável.

Assumindo o conhecimento como AJsp ficará evidente, ao longo da exposição a importância do sujeito do conhecimento quando da formulação da proposição, da asserção e da escolha dos fundamentos da justificação.

O argumento segundo o qual da impossibilidade da objetividade absoluta não se pode concluir sua inexistência é circular, já que a verificabilidade do conhecimento tem como ponto de partida a intersubjetividade e não a objetividade. A intersubjetividade necessária ao conhecimento é o compartilhamento de métodos comuns e de crenças fundamentais, que pelo simples fato de serem comuns a um grupo mais ou menos extenso não as torna objetivamente válidas e nem absolutas.

1.2.3 Proposição

A proposição é antes de tudo uma oração completa (sujeito, verbo e predicado) que expressa uma sentença como conclusão de um raciocínio. As proposições (sentenças) são sempre frases declarativas. Uma proposição é um enunciado que declara que dado sujeito está ou não ligado a certo predicado. Por via de uma proposição (sentença) se expressa um juízo.

A expressão formal básica de uma proposição pode ser sintetizada como:

"x" é "y"

A essa fórmula básica podem ser adicionados outros termos fixos como: e, ou, não, se, se e somente se, etc... Esses termos são conhecidos como constantes enquanto os termos "x" e "y" são conhecidos como variáveis. Assim uma proposição e composta por um sujeito e um predicado (variáveis) e um verbo (constante). O exemplo "o gato da Flávia é preto" é composto por duas proposições:

1) Flávia tem um gato;
2) O gato da Flávia é preto.

A asserção sobre uma proposição significa a atribuição de um valor lógico a ela. Esse valor é representado em pares: verdadeiro, falso; 0 e 1. Nem

41

toda comunicação é levada a cabo por via de proposições. As proposições são somente as sentenças que estão sujeitas a verificação lógica de veracidade ou falsidade.

Existem críticas ao conceito de proposição que afirmam se tratar de um conceito inútil, dado a sua ambiguidade na medida em que as variáveis devem ser preenchidas por conteúdos significativos. Como o significado desses conteúdos não é unívoco sempre se poderá chegar a um valor de verdadeiro ou falso dependendo do significado que se lhe atribua. Por exemplo, a proposição:

"No direito brasileiro o cadáver é uma coisa."

Pode ser verdadeira ou falsa dependendo: A) qual o conceito de direito de quem analisa a proposição (fundamento); B) qual o conceito de cadáver; C) qual o conceito de coisa. Por isso é que conhecimento é uma asserção, justificada de um sujeito sobre uma proposição. Só pode ser objeto de conhecimento a afirmação (asserção) que possa ser verificada em termos de valores lógicos. Por seu turno essa verificação só será possível se a asserção for justificada e fundamentada, ou seja, se forem explicitados os fundamentos dogmáticos, fixados os conteúdos semânticos das variáveis proposicionais e demonstrada a linha de raciocínios inferenciais que conduzem a asserção (conclusão).

A linguagem lógica é precisa na medida em que seus elementos constitutivos são relativamente vazios de significado próprio. Quando se diz que "se ocorrer A então B se verificará" não há espaço para dúvidas, da ocorrência de "A" decorrerá "B"; se isso não acontecer ou a formula é falsa ou a conclusão é falsa. Em termos puramente abstratos é fácil verificar a correção ou não de uma asserção. O problema é que as proposições não são formuladas em termos de linguagem lógica, são redutíveis a ela. As proposições são formuladas na linguagem natural em que um mesmo termo, dependendo do contexto, do texto, do espaço e do tempo possui, muitas vezes, significados opostos (FOUCAULT, 2009,)[19]. Para que a formulação proposicional em linguagem exclusivamente lógica seja possível é necessária uma prévia fixação do significado dos termos da proposição, para que isso ocorra é necessário que aquele que formula a proposição esclareça o significado das variáveis de se utiliza, os axiomas que servem de ponto de partida e as regras de inferência que adota.

O conteúdo das variáveis será fixado pelo significado corrente dos termos empregados. Significado esse fixado pelo uso dos falantes da língua. Como já visto, a linguagem natural na qual são produzidas as proposições é multiforme e imprecisa, as palavras comportam significados distintos e, por vezes, contraditórios (SUPPES, 1957). Os valores lógicos de verdade e falsidade, que servirão para a justificação das asserções, dependem do correto manuseio de vários tipos de inferências lógicas. E as inferências dependem da precisão dos termos de suas premissas. Para que se possa aferir um raciocínio (atribuindo um valor de falso ou verdadeiro), há que se definir com o máximo de precisão possível os termos das proposições envolvidas (SUPPES, 1957).

Disso decorre a questão: De onde vem o significado das palavras? São etiquetas metafísicas? Dos dicionários? A melhor resposta foi introduzida por Wittgenstein em sua segunda fase, nas Investigações Filosóficas (WITTGESTEIN, 1994)[20]. O significado das palavras vem de seu uso em jogos de linguagem.

Segundo a teoria dos jogos de linguagem (WITTGENSTEIN, 1994)[21]. O verdadeiro significado das palavras é aquele que é dado pelos usuários da linguagem. Como a linguagem é uma forma de ação e a ação é sempre intersubjetiva, o significado de cada palavra será aquele que o grupo que usa a linguagem convenciona que é. Um gato significa um animal com certas características únicas somente porque os usuários do português do Brasil concordam com essa definição. A justificação será sempre, em certo sentido, circular. O significado das palavras se apoia em seu uso e o uso se apoia no significado.

Os significados das palavras são fixados no uso corrente da linguagem pelos falantes. A linguagem tem a função de produzir a intersubjetividade, assim não há como se criar uma linguagem unicamente subjetiva. Para possibilitar a comunicação, os significados das palavras devem ser compartilhados entre os falantes. Esse significado é, por um lado instável, já que muda com o tempo o texto e o contexto. Pense na palavra "mala". Quando dizemos "hoje tive que carregar uma mala muito pesada!" Dependendo do tempo, do lugar e do contexto, essa mesma frase pode estar se referindo a um objeto de viagem muito pesado ou a uma pessoa inoportuna ou maçante. O Direito, tentando criar um "dialeto" próprio, possui a mesma característica. O termo "ato ilícito", por exemplo, tem conotações diferentes na esfera cível e na esfera penal. O instituto das "nulidades", afora o nome, nada há em comum entre o Direito Material e o Direito Processual.

Por outro lado a linguagem necessita de certa estabilidade, senão a comunicação entre seus usuários é impossível. Essa estabilidade é obtida pelo caráter reflexivo e recursivo das regras de linguagem, pela consolidação dessas regras por via da escrita, da organização de gramáticas e de dicionários. A recursividade e a reflexividade são características de todas as práticas sociais (GIDDENS, 2009)[22]. A ação é recursiva se, quando posta em prática, produz e reproduz as condições de sua existência. Todas as interações sociais servem como exemplo disso. Pense no uso da fala. Toda vez que se fala ou se escreve são adotadas certas regras que acabam por se reproduzir e se consolidar. O mesmo acontece na escola, nos tribunais, na atividade política e em todas as demais práticas sociais. A recursividade é condição de existência da linguagem. O uso da linguagem é a principal forma de ação dos homens que vivem em sociedade; toda ação é, na verdade, interação, ação com ou para os outros. A ação posta em prática, para ser compreendida e respondida pelos outros, deve seguir determinadas regras comuns que são de conhecimento dos demais indivíduos. Seguindo essas regras a ação as reproduz.

Por isso o sistema muda tão lentamente. Mesmo a mudança deve obedecer às regras para ser compreendida, as obedecendo, reproduz e preserva as regras que pretende mudar.

Recursividade é a obediência às regras para a interação. Nem a criação nem a manutenção desse conjunto de regras são possíveis sem o conhecimento dessas regras pelos indivíduos que interagem.

A consciência dessas regras e sua observância ou não, pressupõe a monitoração constante da conduta própria e alheia (GIDDENS, 2009). Com essa monitoração os indivíduos comparam as condutas com os modelos estabelecidos nas regras. Para que essa comparação seja possível, é imprescindível que se pense (reflita) sobre a conduta própria, sobre a conduta alheia e sobre os modelos pré-estabelecidos.

45

Essa reflexão nem sempre se dá de forma articulada (discursiva), mas sempre que os indivíduos são chamados a explicar o que estão fazendo são capazes de elaborar um discurso justificando sua própria conduta ou o julgamento que fazem sobre a conduta alheia (GIDDENS, 2009).

O importante, quando se fala em uso da linguagem, é compreender que as regras às quais se refere são criadas e recriadas a cada interação, a cada prática dos jogos de linguagem. As gramáticas e os dicionários apenas consolidam o uso dessas regras, que, uma vez consolidados, tornam-se modelos mais ou menos estáveis para a interação.

1.2.4 Justificação

1.2.4.1 As inferências

Justificar racionalmente é explicitar as premissas e os processos de raciocínio que conduziram um determinado sujeito a fazer uma asserção sobre uma dada proposição. Em outras palavras, justificar é expor a cadeia de inferências que conduzem a asserção desde o seu fundamento dogmático.

A afirmação "o gato de Flávia é preto" é uma asserção (afirmação) sobre uma proposição (o gato de Flávia é preto). Essa asserção só passa a ser considerada como conhecimento se for justificada e a justificação for aceita por um grupo mais ou menos extenso de pessoas.

Nem toda justificação serve pare distinguir o conhecimento, apenas aquela formulada de maneira racional, isto é, aquela que obedece as regras dos raciocínios lógicos inferenciais.

Ser racional significa ser formulada em inferências lógicas. Inferência são formas de raciocínio pela qual de posse de dois enunciados se consegue produzir um terceiro. As inferências são divididas em duas grandes classes, a dedução e a indução. Enquanto a dedução opera com conclusões necessárias (sendo verdadeiras as premissas a conclusão também o será) a indução opera mediante probabilidades, o valor verdade da conclusão não é passível de se estabelecer, apenas uma maior ou menor probabilidade de acerto. Como se verá existem várias formas de inferências indutivas, nesse texto serão abordadas (em especial no capítulo 2) a generalização indutiva, a analogia e a inferência da melhor explicação (IME).

Na dedução a conclusão já está contida nas premissas. O exemplo clássico de dedução é:

"Todo homem é mortal.

Sócrates é homem.

Logo, Sócrates é mortal."

Com a generalização indutiva o processo é o inverso. Por exemplo:

"Os sujeitos 1, 2, 3 ...n morreram.

Os sujeitos 1, 2, 3, ...n são homens.

Logo, todos os homens são mortais."

Na inferência da melhor explicação o raciocínio é por indícios. Vejamos:

"Há, sobre a mesa, um saco com feijões brancos.

Sobre a mesma mesa há feijões brancos fora do saco.

Logo, os feijões sobre a mesa caíram do saco."

Por fim, temos a analogia, o tipo de inferência mais comum ao Direito, que toma por base certas características essenciais de dois objetos distintos e as compara, buscando estender uma característica conhecida de um objeto para outro onde ela é desconhecida:

"Empregado é quem trabalha habitualmente, de forma subordinada e recebendo salário.

João dá aulas na PUC/SP todas as sextas, à tarde, sob as ordens do coordenador do curso de Direito e recebe, por esse serviço dez mil reais (R$ 10.000,00) por mês.

Logo, João é empregado"

Cada uma dessas inferências é formada por um conjunto de proposições. Cada proposição é resultado de uma inferência anterior. A qualidade do raciocínio (justificação) dependerá quão longe se é capaz de chegar pela via das inferências. O problema é que se chegará a um ponto em que a premissa maior da dedução deve ser pressuposta, não decorre mais de nenhuma outra inferência que lhe seja anterior (RUSSELL, 2007)[23].

A qualidade das justificações e dos raciocínios depende do encadeamento das inferências e da verificação dos valores lógicos de verdadeiro e falso, no caso da dedução, ou da validade e força no caso das inferências indutivas.

Os valores lógicos de verdade e falsidade estão ligados à estrutura do raciocínio dedutivo. Se a premissa maior é verdadeira e a menor também, a conclusão será, logicamente, verdadeira. Caso uma das premissas seja falsa o valor verdade da conclusão será modificada. Por outro lado as premissas também têm sua verdade ou falsidade aferidas com base em raciocínios lógicos anteriores que irão, no campo da lógica, determinar sua verdade ou falsidade. Voltando ao exemplo, ao se afirmar a adesão (asserções positivas) quanto o valor lógico de verdade da premissa maior e da premissa menor, a conclusão tal como descrita será verdadeira. Caso a asserção quanto a uma das premissas seja negativa, a conclusão será falsa[24].

É importante esclarecer que, em termos lógicos, a verdade ou a falsidade de uma proposição não muda sua natureza. Uma proposição falsa continua sendo uma proposição. Nem tão pouco a falsidade lógica está revestida de um valor moral negativo. Uma asserção sobre uma proposição é somente um enunciado que afirma ou nega a correção de um valor lógico[25] atribuído a uma frase declarativa com predicado e sujeito.

Para os operadores do Direito, um paralelo com a atividade judicante pode ser útil. As sentenças judiciais são estruturadas em forma de silogismos de dupla conclusão (SILVA, 1998)[26] em que a premissa maior é a norma jurídica, a premissa menor o fato, a primeira conclusão a declaração e a segunda expressa a eficácia.

> Premissa maior: Aquele que causar prejuízo a outrem, por dolo ou culpa, tem o dever de indenizar;
> Premissa menor: Pedro agindo com culpa causou prejuízo a Paulo;
> Conclusão 1: Pedro deve indenizar Paulo;
> Conclusão 2: Condeno Pedro ao pagamento da indenização.

Uma sentença judicial é composta, então, por, pelo menos, três outras sentenças ou proposições. No exemplo, para se chegar à condenação de Pedro devem ser emitidas as seguintes sentenças declarativas: a) a norma aplicável é essa; b) o fato é esse; c) a aplicação dos fatos a essa norma implica essa conclusão. Isso equivale a dizer que em uma mesma sentença são formuladas, no mínimo, três proposições.

A invalidação ou modificação de quaisquer dessas proposições irá alterar as demais, uma vez que a inferência que as justifica ficaria comprometida. Por exemplo: se Pedro não agiu com culpa, não pode se declarar que ele deva indenizar com base na premissa maior invocada.

Na cultura ocidental há uma tentação quase irresistível de se encarar os raciocínios inferenciais, quando corretos, como portadores de verdades necessárias. No entanto, essa forma de raciocínio não está isenta de problemas, ao contrário, ao analisar o raciocínio inferencial em detalhe, são trazidas a luz todas as suas limitações estruturais.

1.2.4.2 O problema da indução.

A generalização indutiva é a inferência que pretende extrair uma regra geral de um conjunto de acontecimentos particulares. O conhecimento científico empírico dos fenômenos observáveis está todo baseado na experimentação. A experimentação é o processo pelo qual se repete um dado evento, sob certas condições, e se observa o seu resultado. Obtida uma regularidade, um padrão uniforme, nos resultados se cria uma regra geral para toda a classe de eventos similares. Há aqui um evidente problema de espaço e tempo. Do fato de que todos os membros particulares de uma dada classe observados até hoje possuam se comportem de uma certa maneira não se pode deduzir que: A) não hajam membros não observados que tenham se comportado de maneira diferente e; B) não venham a existir membros que se comportarão de maneira diferente. Assim, o fato de que todos os homens observados até hoje sejam mortais não implica que não exista algum imortal ou que não venha a existir. De outra sorte não há uma regra sobre a quantificação de eventos particulares necessários para a constituição de uma regra geral.

O problema da indução está no fato de que não há prova lógica ou princípio demonstrável que justifique a generalização para toda classe de conclusões obtidas para uma série de casos particulares. A crença na generalização não tem nenhuma justificativa ou ela se trata de um hábito ou de um dogma (HUME, 2005)[27].

O argumento de que a indução funciona de forma prática (a regularidade dos acontecimentos justificaria a regra da regularidade) implica em evidente circularidade já que, desta forma, se tenta provar a validade da indução pela via de inferências indutivas.

Outra tentativa de resolver o problema, igualmente infrutífera, é o deslocamento da justificação da indução para fora da cadeia de inferências, o definindo como um princípio *a priori* denominado princípio da causação universal (KANT, 1997).

A solução proposta por Popper (2008) também não resolve o problema, só o desloca. A ideia geral defendida pelo autor se baseia no fato de que a indução nada prova. As regras gerais que presidem o raciocínio dedutivo seriam hipóteses arbitrárias que não são criadas pela indução, a indução serviria para provar a falsidade da hipótese ou da regra geral e nunca para confirma-la.

51

A despeito de todas essas tentativas de se estabelecer um princípio geral da indução o fato é que a crença da indução se constitui em um dogma fundamental da teoria do conhecimento.

1.2.4.3 O problema das classes

O raciocínio lógico inferencial está baseado na divisão e no agrupamento do mundo em classes. A classificação parte de duas premissas dificilmente comprováveis ou inequívocas: A) dois objetos possuem uma característica em comum (o que é impossível); B) essa característica comum é o que define sua essência. Essas premissas são o fundamento da divisão do mundo em classes.

Classe pode ser definida como uma abstração pela qual as coisas são agrupadas. O estabelecimento de classes pode se dar de forma individualizada, sem atentar para qualquer característica em comum de seus membros, para além do fato de pertenceram a mesma classe. Um grupo formado por pera, uva, pedra e tesoura, é uma classe em que não se definem os membros por qualquer característica comum, mas pelo simples fato de estarem agrupados. Essa classificação chamada de extensional (RUSSEL, 2007).

A outra forma de se estabelecer classes não leva em conta a individualidade nem o fato de certas coisas díspares estarem agrupadas, mas sim dadas características comuns da todos os possíveis indivíduos a serem incluídos na classe (RUSSEL, 2007). A isso se chama classificação intencional. Nessa forma de classificação há que se buscar uma característica essencial em comum a todos os membros da classe.

Toda cultura ocidental e o Direito estão estruturados sobre a criação de classes intencionais. A classificação intencional se baseia na identificação de elementos em comum a cada indivíduo participante da classe e na criação de regras que sejam válidas para todos os membros daquela classe. Esse processo é conhecido como generalização.

A percepção humana do mundo se baseia em contrastes. O próprio "eu" somente é percebido e estruturado na medida em que descobre o "outro". Toda percepção é exclusivamente baseada na diferença. Desse fato simples decorre o "princípio dos indiscerníveis" (DELEUZE, s.d)[28] segundo o qual se duas coisas são exatamente iguais a ponto de não se poder notar a diferença trata-se, na verdade, de uma única coisa. Mesmo os gêmeos idênticos e os clones são diferentes. É possível notar a diferença sem que seja possível aponta-la. Em última instância, quando percebe-se como diferentes coisas aparentemente iguais, a diferença reside, no mínimo, nas dimensões de espaço e tempo.

A classificação é o método pelo qual o conhecimento ocidental se desenvolveu. Toda classificação é baseada na igualdade, esse é o paradoxo dessa cultura. Se somente se é capaz de perceber o mundo pela via da diferença e do contraste como é possível se fundar todo o conhecimento na classificação que pressupõe a posse de uma característica essencial comum a vários objetos? O conhecimento baseado na classificação funciona. Os aviões voam, as bombas explodem, os computadores (quase sempre) funcionam. A resposta a esse paradoxo está na repetição.

A repetição, ao contrário da classificação, é fundada na diferença. Só o diferente se repete, e se repete, a cada vez de forma, mais ou menos, diferente.

53

Com a repetição cada vez é uma vez, ou como diria Deleuze, não se trata de uma segunda vez mas sim repetir a primeira. Sempre é a primeira vez (DELEUZE, 2009)[29].

A ideia de que a classificação é impossível reintroduz o caos no mundo pela via do relativismo e da necessidade de obtenção de consenso.

A possibilidade de classificação pela via da identificação de uma característica essencial em comum a todos os membros da classe dá a sensação de que tudo está sob controle, que o imprevisível foi domado, trata-se, apenas, de descobrir quais são as leis que regem o mundo e deduzir de sua aplicação o futuro. Em algum lugar, no fundo da mente, o imprevisível está presente. De fato a tentativa de impor ordem e regularidade ao mundo não é levada a cabo pela classificação mas pela repetição. Não é a igualdade que traz a segurança, mas a repetição do diferente. Se todos os homens tivessem determinados atributos exatamente iguais os sentidos não estariam equipados para perceber a diversidade de pessoas que existem. O suposto ponto em comum iria se diluir pelo principio dos indiscerníveis.

No entanto um mundo totalmente caótico, diferente a cada minuto, e impensável e impossível para os seres humanos, para amenizar a dor da incerteza produzida pelo diferente, se introduz no mundo a repetição. Na medida em que o diferente se repete, a previsibilidade e a ordem se instauram pela confiança na repetição. Socialmente essa repetição é sacralizada em ritos e rotinas que impõem, por via das normas sociais, um "dever" de repetição aos membros do grupo. Com as rotinas a repetição se torna um fetiche e acaba por parecer inexorável, assemelhando-se a regra geral obtida pela classificação. Essa repetição que irá criar e fixar as regras do uso, o significado das palavras e da linguagem como um todo. Se a classificação e a repetição são capazes de dotar o mundo da mesma ordem e previsibilidade, pela aplicação do princípio dos indiscerníveis, qual a diferença entre ambas e qual a utilidade nessa distinção?

Diferentemente da classificação, a repetição introduz uma incerteza latente. Com a repetição não é criada uma regra geral de incidência abstrata, infalível e automática. A regra geral e abstrata baseada na igualdade sempre incide, nunca falha; já a repetição está baseada na vontade do agente que pode escolher não repetir e em inúmeras variáveis (o espaço e o tempo talvez sejam as principais) que não são levadas em conta na classificação.

O igual é previsível e confortável, mas tem o inconveniente de não existir (se existe é imperceptível); já o diferente é imprevisível e incontrolável, somente sendo domado pela repetição ritualística que não está isenta de falhas, desvios e reações, daí sua imprevisibilidade e seu desconforto.

A repetição cria para o ser humano liberdade e responsabilidade sufocantes já que as ações, por não serem regidas por regras gerais e infalíveis, têm seu resultado dependente da vontade do agente.

1.2.4.4 A sorte epistêmica

Toda asserção justificada feita por um sujeito sobre uma proposição (AJsp) será conhecimento? E se a justificação, mesmo lógica e coerente não for verdadeira? A resposta a essas questões formuladas pela teoria da sorte epistêmica (GETTIER, 1963). Gettier (1963) traz alguns exemplos da sorte epistêmica: um funcionário sabe que haverá uma promoção na empresa. Ouviu de fonte segura que o promovido será aquele que possui dez moedas no bolso.

Seu amigo possui dez moedas no bolso. Mas não é promovido, ao contrário ele próprio é promovido, e ao contar, descobre, que também possuiu dez moedas no bolso. Com isso o funcionário fundamenta e conclui que o critério de promoção foram as dez moedas. Temos aqui uma AJsp. Será o caso de conhecimento?[30]

Na medida em que o conhecimento deixa de conter em sua definição o elemento verdade a sorte epistêmica passa a ser um problema de aceitação ou não da justificação apresentada. Sob a ótica dos jogos de linguagem o problema da sorte epistêmica é um falso problema. A sorte epistêmica se caracteriza por uma afirmação que pode ser justificada mas não é verdadeira. Quando a verdade passa a ser encarada como uma questão de consenso no uso das palavras, enquanto a justificação da asserção for aceita, será verdadeira, quando não mais for aceita deixa de ser verdade. Na esfera dos jogos de linguagem, as verdades não são fixas, certas nem eternas. A linguagem não é imutável, e a realidade por ela criada, também não é.

Durante muitos séculos os homens de letras e ciências afirmaram, de forma justificada e com concordância quase unânime, que a Terra era plana, que o céu era uma cúpula que girava sobre a Terra com as estrelas presas nela. Durante muito tempo essa afirmação foi tida como conhecimento legítimo. Com a mudança dos padrões de linguagem, essa "verdade" foi sendo paulatinamente alterada. O ritmo da alteração dos padrões pode ser sentido em uma conversa com um cidadão comum. Qualquer questão que envolva princípios elementares de física será respondida com base na Física aristotélica, enquanto os padrões ilustrados estão na esfera da física pós-teoria da relatividade e da física quântica.

Seria lícito afirmar que Aristóteles ou Newton eram ignorantes? Não produziram conhecimento digno desse nome? De forma alguma. O avanço das ciências consiste em mudança de paradigmas de justificação. Uma teoria é abandonada em prol de outra não por não funcionar ou por ser obsoleta, mas pelas mudanças nos paradigmas aceitos para a verificação do conhecimento (KUHN, 1995). O problema de Gitter se funda em uma diferença de paradigmas. A sorte epistêmica não passa da apreciação da justificativa daquele que conhece por outra pessoa a partir de outro paradigma. O personagem que afirma e justifica, de forma coerente, que a promoção se deveu a posse de dez moedas, possui conhecimento na medida em que afirma uma verdade até que sua justificação seja desconstituída pelo diálogo com o seu grupo.

O ditado popular de que dois imbecis, quando chegam a um acordo, encontraram a verdade é especialmente pertinente quando se assume a verdade como decorrência dos jogos de linguagem, fundada na recursividade e reflexividade da construção do significado das palavras. A verdade não está atrelada à correspondência entre as palavras e as coisas do mundo, mas sim à correspondência entre as palavras e seus significados. Por sua vez os significados não são dados prévios, transcendentes ou naturais. Decorrem do uso das palavras entre os falantes. Dessa forma o verdadeiro significado das palavras, e com ele a justificação das asserções, só pode ser obtido pela via do diálogo, da intersubjetividade. É a criação de paradigmas comuns pela via da linguagem que salva os seres humanos do isolamento completo, ameniza a dor da solidão da existência e protege do solipsismo. Por essa via as ideias de conhecimento, afirmação, proposição e justificação podem ser aproveitadas.

1.2.4.5 O Trilema de Agripa

Além dos problemas já descritos (indução, classificação e sorte epistêmica), a justificação esbarra em três outros problemas, que são conhecidos como o "Trilema de Agripa" (GRECCO, 2008)[31].

O primeiro problema, e talvez o mais evidente, é o risco da regressão infinita. Uma asserção decorre de uma inferência composta por outras duas asserções que são decorrentes de outras inferências e assim por diante. Em um momento qualquer dessa regressão, o raciocínio será conduzido a um dos dois outros termos do trilema. No momento em que as premissas que compõem a inferência não mais puderem decorrer de outras inferências, o raciocínio será conduzido para definições circulares em que o termo definido faz parte da definição. E não acrescentam informação ao que está sendo dito. A morte é um bom exemplo. Morte é o fim da vida, mas o que é o fim da vida? É a morte. Um exemplo menos mórbido: um ato jurídico é um ato só que jurídico. A regressão infinita, cedo ou tarde, irá empurrar a justificativa na direção da circularidade, a única saída para ela é o recurso ao dogma.

Por esse motivo toda teoria, em última análise, se funda em um conjunto de axiomas que serve para sua fundamentação. Esses axiomas são dogmáticos, isto é, são estruturados como crenças injustificáveis. Os dogmas são pontos de partida adotados como crenças por quem desenvolve uma dada teoria. Como os dogmas são indemonstráveis são também irrefutáveis. O exemplo clássico é o dogma da existência de Deus, não se pode provar a verdade nem a falsidade desse dogma. O mesmo se passa com todas as teorias do Direito. A título de exemplo vale citar a norma fundamental da Teoria pura do Direito de Kelsen. Não há como se demonstrar a existência nem a inexistência da norma fundamental. Se for aceita, é possível debater o encadeamento lógico da teoria kelseniana. Se a norma fundamental for negada toda teoria pura do direito cai por terra. Como dogma, portanto, indemonstrável e irrefutável ou se adere a ele ou não, não há justificativa possível.

Mesmo a ciência moderna é estruturada dessa forma, o próprio método científico é um dogma. A possibilidade do conhecimento em si já é dogmática. A obtenção de regras gerais a partir de casos particulares também, o uso do método experimental idem. Todos os paradigmas sobre os quais as ciências se fundam são dogmáticos. A história da evolução do conhecimento científico pode ser descrita como a história da mudança de paradigmas ou de dogmas (KUHN, 1995)[32].

A objeção de que os dogmas são "verdadeiros", por que os feitos da ciência funcionam (os computadores processam, os carros andam e os aviões voam) é facilmente descartado tanto pelo uso da lógica (trata-se da justificação do princípio da indução com outra indução) quanto pela prática, quando se vê que as coisas podem funcionar sem o recurso a esses fundamentos.

A qualidade das teorias pode ser medida na proporção do tempo em que elas levam, dentro da regressão infinita, para chegar aos seus dogmas iniciais. O fato de toda e qualquer teoria possuir um fundamento dogmático não deve causar nenhuma desconfiança ou desconforto, mas humildade. Como o fundamento último de todas as visões de mundo, científicas, filosóficas e religiosas, é igualmente indemonstrável, não há que se falar em verdade x falsidade na escolha dessa ou daquela teoria. Os valores lógicos de verdade e falsidade somente podem ser usados validamente dentro da teoria, ou seja, uma vez admitidas as premissas dogmáticas (axiomas), o raciocínio que decorre delas (teoremas) pode ser avaliado com os valores verdadeiro x falso.

Se o fundamento último de todas as asserções é injustificável e dogmático, não há como se aferir qual será a correta, a escolha é apenas uma questão de fé. O erro e a ignorância não residem na escolha desse ou daquele dogma fundamental, mas na imprecisão das conclusões derivadas de inferências originadas no dogma.

Uma vez definido como critério para a distinção entre o conhecimento e a ignorância como a possibilidade de se formular uma justificação para a afirmação pela via do raciocínio inferencial, o próximo passo será abordar, em detalhe as regras de inferência.

Capítulo II

As regras de inferência

Direito pode ser definido como um conjunto sistemático de normas reguladoras de condutas intersubjetivas e dotadas de sindicabilidade (BARCELLOS, 2008).

Esse sistema regula, de forma global, a conduta dos homens em sociedade. Na maior parte do tempo o Direito é aplicado entre os particulares automaticamente sem a necessidade de intervenção do órgão detentor da força para a imposição de seus preceitos ou aplicação de sanções (BOBBIO, 1982).

Quando há a necessidade de uso da força para a imposição das normas ou para o sancionamento de seu descumprimento essa força somente pode ser usada de acordo com as normas contidas no sistema e dentro de seus estritos limites. Essa limitação imposta ao uso da força é o que caracteriza o Estado de Direito.

No entanto para que o Estado de Direito não seja uma fantasia, ou não acabe por se tornar uma figura retórica totalmente vazia de significado, o uso da força para a imposição das normas deve ser precedido de uma justificação racional que aborde dois níveis:

Instrumental: Pertinência do agente que usa a força e dos métodos de seu emprego;

Material: adequação dos fatos, tais como descritos, à hipótese normativa que se pretende aplicar ou impor.

A necessidade de justificação para a aplicação compulsória das normas é um dado, um imperativo constitucional (artigo 93 inciso IX da CF). Isto posto, o problema se desloca para a forma que a justificação deve tomar. É comum a afirmação no sentido de que as justificações devem ser racionais. Assim há que se definir e fixar os parâmetros do que do que é racional e, em seguida, proceder a verificação da utilidade da aplicação desta definição para o Direito.

2.1 - Discurso e relações intersubjetivas

Toda justificação é relacional, é dirigia ao outro, por isso, ela deve obedecer a padrões que sejam compreensíveis aos seus destinatários. É impossível determinar se dois ou mais indivíduos percebem o mundo que os cerca da mesma maneira, há, na verdade, fortes indícios no sentido contrário[33] (HASON, 1961). Não obstante como os humanos são seres eminentemente sociais tendo sua individualidade determinada pela forma de inserção e interação em um dado grupo, se faz necessário o estabelecimento de uma via possível de interação (HONNETH, 2009). Essa via é a linguagem. A linguagem não está isenta de problemas na medida em que o conteúdo significativo de seus termos é estabelecido de forma circular, isto é, um determinado termo tem por significado o conteúdo que lhe é dado pelos usuários da linguagem e, por outro lado, ele deve ser empregado, de acordo com esse significado para que seja inteligível (WITTGENSTEIN, 1994)[34]. De toda sorte a única forma de estabelecimento e de manutenção das relações que condicionam a existência humana tal como conhecida é a linguagem. Com a linguagem o espaço da intersubjetividade é construído, essa construção se dá pelo discurso. Discurso que cria e organiza o mundo pela via da expressão que, por sua vez, é explicado pela justificação.

Nesse contexto a justificação se apresenta como uma tentativa de demonstrar aos outros a pertinência de uma afirmação.

Um paralelo com a matemática pode ser útil. Um teorema é uma afirmação matemática. Para que um teorema seja aceito ele deve poder ser provado. A prova se faz com o estabelecimento de axiomas (afirmações não justificadas) e de regras de inferência (passagem de um dado a outro). A prova do teorema pode ser verificada por outros desde que conheçam: A) a linguagem empregada; B) os axiomas; C) as regras de inferência (GERTING, 1993).

Só com o uso de uma linguagem compreensível pelo destinatário, com a fixação de axiomas e o estabelecimento de regras de inferência é que a comunicação e a justificação serão possíveis. Esses elementos estão presentes em toda e qualquer linguagem, não apenas na matemática ou na científica, o que varia de uma linguagem para a outra é o conteúdo desses elementos. Um pregador ao se dirigir aos fiéis adota uma linguagem cujo significado é compreensível, dado conjunto de axiomas e uma regra de inferência, o mesmo ocorre na narração de um jogo de futebol ou na fofoca de duas vizinhas.

Assim, a justificação consiste na apresentação da prova lógica de uma afirmação, nos termos de regras de inferências pré-estabelecidas, que tem como ponto de partida um conjunto de axiomas e que utiliza uma linguagem cujo significado dos termos é conhecido pelos destinatários.

O que difere a justificação exigida para as decisões judiciais das outras esferas é a exigência de racionalidade. A racionalidade acrescenta aos elementos da justificação as seguintes características: A) o sentido dos termos utilizados devem ser explicitados entre os vários possíveis; B) devem ser explicitados, também, os axiomas que servem de base para a prova; C) as regras de inferência adotadas devem obedecer a lógica (dedutiva ou indutiva).

Em outras palavras a justificação racional é a apresentação de uma prova lógica capaz de demonstrar a veracidade ou a probabilidade de uma afirmação[35].

Como já visto na introdução, o Estado de Direito é aquele em que o uso institucional da força deve ser precedido por um discurso que explicite a autorização ou imposição de seu emprego de acordo com normas pré-existentes. Ora, para que o objetivo da justificação do uso da força seja preservado ela deve obedecer a padrões de encadeamento compreensíveis, deve, portanto, ser uma justificativa racional. Por esse motivo é de extrema importância que os padrões de racionalidade sejam identificados e compreendidos já que o seu emprego nas decisões judiciais é uma imposição constitucional.

2.2- Raciocínio lógico como paradigma de racionalidade.

Na tradição da sociedade ocidental a lógica vem sendo usada como paradigma de racionalidade, tanto mais racional será a exposição quanto mais próxima ela estiver da possibilidade de sua redução aos padrões da lógica formal.

Dois são os tipos primários de raciocínios lógicos, a dedução e a indução. Enquanto a dedução conduz a conclusões necessárias a indução leva a conclusões mais ou menos prováveis. Ambas as formas de raciocínio possuem em comum o a fato de buscar a elaboração de uma afirmação válida partindo de outras afirmações tidas como válidas (SKYRMS, 1971). Por exemplo:

> Todo homem é mortal;
>
> Rodrigo é homem
>
> Rodrigo é mortal

Esse é o exemplo clássico de raciocínio dedutivo onde a conclusão decorre, necessariamente, das premissas. Isso se dá porque a conclusão guarda para com às premissas uma relação de continente e conteúdo, ou seja, a conclusão já está contida nas premissas. Nada de novo é dito. Uma representação gráfica da dedução em termos de conjuntos poderia ser a seguinte:

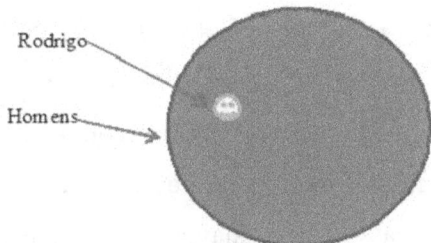

Nessa representação o termo médio (homem, que aparece nas duas premissas) funciona como continente e o termo menor (Rodrigo, que só aparece na premissa menor) como conteúdo. O termo maior (mortal, que só aparece na premissa maior) representa uma característica do conjunto homem que, na medida em que é continente do elemento Rodrigo a ele também pertence. Por isso é lícito afirmar que toda dedução é a expressão de um raciocínio analítico, (toda dedução é tautológica) já que a validade sua conclusão é sempre irrefutável.

Na medida em que Rodrigo é elemento do conjunto homem e, uma das características desse conjunto é a mortalidade, de duas uma ou Rodrigo não pertence a essa classe ou é mortal. Das afirmações de que "todo homem é mortal" e "Rodrigo é homem" se deduz que "Rodrigo é mortal".

A compreensão da questão deve levar em conta que o raciocínio humano funciona de forma classificadora, isso é, a compreensão do mundo está baseada na identificação de características comuns a determinados indivíduos e no seu agrupamento segundo essas características. Os números e as palavras são exemplos evidentes dessa forma de raciocínio (RUSSELL, 2007).

A comunicação seria impossível, ou ao menos totalmente diferente, se para cada fenômeno individual houvesse uma palavra específica e única. O termo homem é o nome de uma classe que agrupa indivíduos que possuem certas características. O mesmo acontece com os números. O número dois é o nome da classe de todos os pares e assim por diante (RUSSELL, 2007). As características da classe que a palavra denomina estão na sua definição, assim toda definição é a enumeração das características que compõe a classe cujo termo definido nomeia. Dito de outra forma, uma palavra é o nome de uma classe que possui dadas características que são explicitadas na sua definição, que, por sua vez está expressa em palavras que são nomes classes que se definem por outros nomes e assim por diante, até que se torne impossível uma nova definição[36].

66

Essa forma de raciocínio possui alguns problemas insuperáveis (ao menos até o momento), o que não significa que ela deva ser abandonada ou que se deva adotar uma atitude resignada quanto aos estudos a seu respeito. Só com a consciência das limitações do raciocínio se poderá superar ou, ao menos, minorar esses problemas.

Nesse contexto as limitações do raciocínio podem ser dividias em dois grupos: A) problemas intrínsecos à classificação; B) o Trilema de Agripa.

Como já visto, a classificação é a base da linguagem (inclusive matemática), do raciocínio e da cultura. O processo de classificação se dá pela escolha de certas características comuns a vários indivíduos e com base nessa identidade se faz o agrupamento desses indivíduos em uma classe a qual se atribui um nome.

Antes de prosseguir é preciso deixar claro que o pertencimento a uma classe não exclui, como regra, o pertencimento a outras na medida em que, por um lado, é possível identificar em cada indivíduo um vasto número de características que justificam sua inserção em igual número de classes, por outro lado, raramente o enquadramento em uma classe depende de apenas uma única característica.

Dessa multiplicidade de características decorre o primeiro problema da classificação. Quais são as características essenciais de uma classe?[37]

Veja-se a palavra "carro". Carro é o nome da classe em que são inseridos todos os objetos que possuem certas características, essas características são dadas pelo uso corrente da linguagem. Tal uso está cristalizado e normatizado nos dicionários, onde encontramos a definição (lista de características que algo deve ter para ser um carro):

"**1** veículo que se locomove sobre rodas, para transporte de passageiros ou de cargas; **2** veículo de motor a explosão, destinado ao transporte de passageiros ou de cargas; automóvel; **3** vagão ferroviário ou metroviário que se destina a transportar passageiros" ... (HOUAISS, 2002)

Dessas características algumas podem ser removidas e outras acrescentadas sem que se enquadre o objeto em questão noutra classe, por outro lado há objetos que possuem essas mesmas características e estão enquadrados em outra classe. Por exemplo, uma motocicleta é um veículo que se locomove sobre rodas e se destina ao transporte de passageiros e não é classificado como carro, já um carrinho de mão, usado em obras é considerado um carro, e os exemplos se multiplicam, a cabine de um elevador, é um carro? E um triciclo? O problema reside em identificar quais as características "essenciais" necessárias para o enquadramento em cada classe. Essas características vão variar de acordo com o texto e o contexto, elas não são dados prévios, ao contrário, serão fixadas pelos usuários de uma determinada linguagem no uso corrente (WITTGENSTEIN, 1994). Por isso toda e qualquer justificação racional deve conter a definição expressa dos termos nela empregados (explicitação das características essenciais de cada classe cujo nome é uma palavra). É obvio que não se faz necessária a definição de todos os termos usados. Mas é imperativo que se sigam duas regras: A) explicitação dos termos sabidamente ambíguos e; B) explicitação de qualquer termo que tenha seu significado questionado pelo destinatário da justificação. Sem a observância dessas regras simples incorre-se no risco da arbitrariedade e da impossibilidade real de comunicação já que a palavra usada em um sentido por aquele que apresenta a justificação pode ser interpretada em outro pelo seu destinatário.

Outro problema da classificação não enumerativa (aquela que leva em conta características em comum dos membros da classe) decorre do princípio da identidade dos indiscerníveis[38]. Segundo esse princípio sempre que duas coisas são exatamente iguais elas são a mesma coisa. A percepção humana é limitada pelo contraste, os sentidos somente podem notar a existência (e atribuir nomes, criando ou incluindo em classes) aquilo que está em contraste. Pense em uma sala vazia com as paredes, o teto e o piso pintados de branco, com o tempo até mesmo a percepção espacial se esvai com a ausência do contraste.

Como a classificação se baseia na igualdade de certas características de cada um dos membros da classe ela é virtualmente impossível já que se essas características fossem totalmente idênticas seria impossível diferenciar a característica de um indivíduo da classe do outro. Pelo princípio dos indiscerníveis se as características levadas em conta para a classificação fossem exatamente iguais não haveria como se diferenciar os membros de cada classe entre si. Na medida em que os membros de uma classe são percebidos como indivíduos isso quer dizer que as características usadas para a classificação não são exatamente iguais. Isso conduziria a conclusão de que toda classe é unitária e dessa forma haveria a obrigação de um nome para cada indivíduo o que implicaria em uma evidente contradição com o objetivo da classificação em si e impediria o raciocínio e a comunicação tal qual são hoje conhecidos.

A solução desse problema passa pela admissão de que as características essenciais que fundamentam o agrupamento de indivíduos em classes não está baseada na igualdade mas sim na semelhança e na repetição (DELEUZE, 2009). Essa constatação é relevante para demonstrar que a classificação está sempre sujeita a desvios e erros já que a semelhança supõe a diferença (o semelhante não é o mesmo justamente porque guarda alguma diferença), assim o enquadramento em uma dada classe nunca é perfeito e exato, estará sujeito ao grau de tolerância para com a diferença intrínseca a cada indivíduo. Dessa forma, aquele que apresenta uma justificação (ou uma prova racional) deve estar disposto a explicitar (sempre que demandado) o grau de tolerância para cada classificação, em outras palavras, quem justifica não pode assumir como um dado evidente e óbvio o enquadramento de um indivíduo em certa classe. Esse é mais uma das razões pela qual os termos ambíguos ou contestados devem ser explicados exaustivamente por aquele que apresenta a justificação.

O Trilema de Agripa[39] afirma que uma prova racional e dedutiva sempre irá desembocar em um beco sem saída, por três motivos:

A) As definições usadas na prova serão circulares (o termo definido é usado na definição);

B) Em algum ponto será necessário o recurso ao dogma (axiomas presumidamente verdadeiros que não são discutíveis no âmbito da prova) ou;

C) Haverá uma regressão infinita de uma prova a outra.

A regressão infinita é impossível, a circularidade é um erro evidente, assim a saída para o trilema é o dogma. Toda prova racional só é possível com o estabelecimento e a explicitação de axiomas e regras de inferência (GRECO,

2008), além, é claro, da já descrita explicitação do significado dos termos nela utilizados.

Os axiomas são asserções (afirmações) que não podem ser provadas pela via da justificação. A justificação só é passível de análise na medida em que se acatam seus teoremas fundamentais (axiomas). A justificação dos axiomas de uma prova são externas a ela, estão fora de seu âmbito[40]. Além disso, a regra de inferência para a passagem de um argumento ao outro também precisa ser explicitada e aceita.

Voltando ao primeiro exemplo temos a premissa maior como um axioma a menor como um dado. Com isso a conclusão, observadas as regras de inferência, é necessária e justificada por uma prova lógica. Assim temos:

> Todo homem é mortal (axioma)
>
> Rodrigo é homem (dado)
>
> Rodrigo é mortal (conclusão)

Essa estrutura é, obviamente, simples. Tanto maior será a qualidade da prova quanto mais dados forem agregados a prova antes do axioma. A prova da dedução apresentada pode ser refinada da seguinte forma:

> Todo ser com existência baseada em carbono é mortal (axioma)
>
> Os homens são seres baseados em carbono (dado)
>
> Os homens são mortais (dado)
>
> Rodrigo é homem (dado)
>
> Rodrigo é mortal (conclusão – teorema)

Esse exemplo pode ser estendido até certo ponto, em um dado momento um axioma indemonstrável será atingido, esse ponto se verifica quando se encontra a circularidade[41]. Por outro lado aquele que apresenta a prova pode eleger, arbitrariamente, qualquer ponto como axiomático, sabendo que mais convincente e melhor será a prova quanto mais dados forem inseridos entre os axiomas e a conclusão.

As regras de inferência usadas nesse tipo de raciocínio são as regras da lógica formal (cálculo proposicional) e estão elaboradas na forma das tabelas de verdade onde são demonstradas a verdade ou a falsidade de cada conclusão com base na atribuição de valores de verdadeiro e falso a cada uma das asserções (proposições) elencadas na prova.

Mas nem todas as explanações racionais estão baseadas na lógica dedutiva (lógica das proposições ou cálculo proposicional).

O procedimento da classificação tem, ao menos, duas etapas: uma é a verificação da pertinência de um indivíduo a uma dada classe. Essa verificação é levada a cabo com o uso da prova lógica dedutiva (cálculo proposicional). A outra é a criação da classe, com a atribuição das características essenciais que cada indivíduo deve ostentar para considerado membro. Essa atribuição de predicados aos indivíduos deve ser racional, deve ser passível de prova, porém o raciocínio e a prova para atribuição desses predicados segue a outro tipo de inferência, a indutiva.

Na Indução as coisas se processam de forma distinta da dedução na medida em que não há uma relação de continente e conteúdo, mas sim a atribuição de uma característica a uma classe, seja pela via da generalização (generalização indutiva) da extensão pela semelhança (analogia e IME). Enquanto na dedução a conclusão não cria nada de novo na indução há a criação (inserção) de um novo elemento (SKYRMS, 1971).

Esse processo resulta em uma síntese de elementos distintos e não na análise de um único elemento, dessa forma se diz que a indução é a forma silogística e a prova adequada para os raciocínios sintéticos enquanto a dedução concerne aos analíticos (KANT, 1997)[42]. Como síntese que busca estabelecer uma generalização, ou uma comparação entre classes distintas a indução não trabalha com a verdade ou falsidade de seus enunciados, mas sim com a probabilidade de sua correção. Assim a verdade ou falsidade das premissas não condicionam a verdade ou a falsidade da conclusão indutiva, é possível uma conclusão verdadeira partindo de premissas falsas, da mesma forma pode se chegar a uma conclusão falsa partindo-se premissas verdadeiras. O que deve ser levado em conta é a validade da construção do silogismo (validade da prova), ou melhor, sua correção formal, e a probabilidade maior ou menor de acerto de suas conclusões.

Um exemplo clássico de indução é a generalização:

Os indivíduos 1, 2, 3..... n são alunos do Professor Márcio

Os indivíduos 1,2,3.......n leram o livro x

Todos os alunos do Professor Márcio leram o livro x

Nesse caso o termo médio pertence ao mesmo conjunto, o que se tenta é atribuir uma característica essencial a esse conjunto. Com esse tipo de inferência se pretende extrair uma regra geral de um conjunto de acontecimentos particulares. Durante séculos essa foi a forma de raciocínio usada para a justificação dos conhecimentos obtidos pela via empírica (generalização indutiva).

Além de todos os problemas já elencados para o raciocínio dedutivo na indução há mais um que se convencionou chamar de "o problema de Hume".

O problema típico da indução pode ser resumido em três questões: Qual o fundamento lógico para atribuição de um predicado a uma classe ou indivíduo? Como é possível a prova lógica dessa atribuição? Em outras palavras, como se pode, logicamente, garantir que todos os homens são e serão mortais?

Segundo Hume (2005), essa prova é impossível, dessa forma as conclusões obtidas pela generalização indutiva, pela analogia e pela abdução são aceitas como verdadeiras somente por hábito, já que não se pode deduzir a característica do todo pelas características da soma das partes.

Muitas foram as tentativas de solucionar ou contornar esse problema. Uma das mais recentes e de maior relevo é a proposta por Popper (2007). Segundo o autor o problema da indução é irrelevante. Para resolvê-lo basta que se separe o contexto da descoberta do contexto da justificação. O verdadeiro conhecimento estaria ligado a justificação e não a descoberta e, ainda segundo Popper, a justificação se valeria apenas da lógica dedutiva. O procedimento para a obtenção do conhecimento seria o seguinte: uma hipótese é formulada (contexto da descoberta) e submetida a prova dedutiva (contexto da justificação) na medida em que a hipótese não fosse refutada pela dedução ela seria considerada, ainda que de forma provisória, válida e verdadeira. O requisito para a adoção dessa teoria (axioma) é que se deixe de fora o estudo do contexto da descoberta.

O mérito evidente dessa teoria é a separação dos dois contextos, ou momentos, da descoberta e da justificação. Essa separação é de suma importância na medida em que os elementos que conduzem a formulação de uma hipótese ao invés de outra são, no mais das vezes, inescrutáveis não sendo passíveis de comunicação já que nem mesmo aquele que formula a hipótese tem plena consciência de seus motivos. No entanto a modificação do paradigma da justificação da confirmação para a infirmação não resolve o problema da indução, apenas o desloca para um axioma mais próximo o que, como já visto, prejudica a qualidade da prova (justificação).

Ao que parece a solução está na correta compreensão da estrutura do raciocino indutivo e na renúncia a obtenção da certeza e da verdade.

O problema da indução é, na verdade, a sua impossibilidade de fornecer conclusões tautológicas definitivas. Ocorre que essa limitação não é exclusiva da indução mas também pesa sobre a dedução quando se fixam seus axiomas. Como já visto, em algum momento da prova, a dedução irá chegar a circularidade e ao dogma. Como dogma é indemonstrável dentro das prova a incerteza da dedução ai se manifesta[43].

Ora, a tanto a indução quanto a dedução são formas de raciocínio lógicas legítimas, mas com funções e matrizes distintas. Enquanto a dedução é, até o ponto dos axiomas, tautológica, pois trata de uma relação que se estabelece entre continente e conteúdo, a indução se vale da maior ou menor probabilidade de acerto e não pretende demonstrar uma certeza absoluta (tautológica) sobre suas conclusões mesmo antes do atingimento de seus axiomas. O que se pode fazer é adotar a separação entre o contexto da descoberta e o contexto da justificação e utilizar, no campo da justificação, a lógica indutiva abrindo mão da pretensão da verdade em prol da probabilidade.

75

Com base nessa compreensão há que se alterar a formulação da generalização indutiva para uma que denote esse caráter de incerteza. O exemplo já citado deve ser modificado para:

> 1,2,3 ...n são alunos do professor Márcio
>
> 1,2,3 ...n leram o livro "x"
>
> Todos os alunos do professor Márcio até aqui observados leram o livro "x"
>
> É provável que todos os alunos do professor Márcio venham a ler ou tenham lido o livro "x"

Note-se que o raciocínio indutivo não pretende fornecer certezas, mas apenas probabilidades. Essas probabilidades variam, podem ser fortes ou fracas. Uma probabilidade forte decorre de um argumento forte e uma probabilidade fraca de um argumento fraco. A probabilidade de acerto da conclusão de um raciocínio indutivo é denominada de "probabilidade indutiva".

A probabilidade indutiva deve ser calculada com base na "probabilidade epistêmica" de cada uma das premissas do silogismo indutivo, que, por sua vez, são atribuídas com base na probabilidade indutiva dos silogismos de onde essas premissas se originam. Até que, em um dado momento, não há mais possibilidade de regresso sem que se incorra na circularidade, nesse ponto o axioma da demonstração (da prova) foi atingido.

Assim como na dedução a indução deve obedecer aos requisitos da interlocução: A) fixação de axiomas; B) fixação dos significados dos termos e; C) explicitação de uma regra de inferência.

É evidente que não será necessário, em toda e qualquer indução, proceder uma regressão até os seus axiomas últimos. Assim como na dedução em qualquer ponto da prova pode-se adotar as premissas como axiomas. O fato é que quanto mais longa a prova (mais distante a conclusão estiver dos axiomas) mais convincente será a afirmação e, portanto, maior será a sua probabilidade indutiva.

A capacidade de regressão até os axiomas irá variar de acordo com fatores externos ao silogismo, tais como: o sujeito que afirma e a quem a afirmação é dirigida; o tempo em que a afirmação é feita e lida e; o seu lugar. Por isso é importante se levar em conta que a probabilidade epistêmica sofre grandes variações advindas de fatores externos à prova que se constrói.

Uma das formas de indução mais usadas, não só na ciência como na vida quotidiana, é a analogia. Analogia é o silogismo onde, por força de dadas semelhanças, se procura estender certas características de uma categoria a outra ou de um elemento de uma categoria a outro elemento de outra categoria.

No silogismo analógico há três fatores conhecidos e uma quarta variável que é a conclusão do silogismo analógico. A expressão corrente do raciocínio analógico é "a está para b assim como c está para d". Com essa comparação se busca estender os efeitos conhecidos de uma relação ("a" para "b") aos desconhecidos de outra ("c" para "d"). Essa comparação pode ser tanto qualitativa quanto quantitativa.

Como a conclusão do raciocínio analógico cria algo novo (não está contida nas premissas) ela não é necessária, mas apenas provável, se insere dentro da categoria ampla da indução. A analogia é usada o tempo todo, na linguagem corrente, na poesia, nas decisões diárias e na ciência. A decisão de compra, quando refletida, é tomada com base em um raciocínio analógico. Por exemplo:

> Pedro sabe que João comprou um computador da marca "x"
>
> Esse computador funciona muito bem
>
> É provável que outro computador da marca "x" funcione bem
>
> Por isso, Pedro decide comprar o computador da marca "x"

A moda, também é analógica na medida em que se funda na comparação. A moda é seguida porque aqueles que a ela aderem acreditam que ficaram com boa aparência tal qual os modelos nas revistas e encartes. Por exemplo:

> O conjunto de calça e camisa ficou bem no modelo
>
> Se comprar o mesmo conjunto e vestir da mesma forma
>
> É provável que a roupa fique igualmente adequada no comprador.

As ciências empíricas também se valem, a todo tempo, das inferências analógicas. A medicina é um bom exemplo:

> Um número grande de pacientes que apresentam dores no corpo e febre, estão gripados
>
> João apresenta dores no corpo e febre
>
> É provável que João esteja gripado.

Além desse exemplo a analogia é utilizada no discurso (poético, narrativo ou argumentativo) para tentar transmitir ao leitor experiências que não podem ser descritas de outra forma ou que encontram maior ênfase com o uso da analogia (o mundo funciona como um relógio, fulano trabalha como uma máquina). As comparações são analógicas. No presente texto o que se pretende é compreender a estrutura geral dos raciocínios analógicos, sua maior ou menor probabilidade de acerto e como se dá o seu emprego na justificação das decisões judiciais.

A estrutura básica do raciocínio analógico, em linhas gerais, se dá com quatro elementos e em dois estágios. No primeiro estágio que está expresso nas premissas onde se localizam os elementos conhecidos. Utilizando-se da inferência analógica se procede a comparação de uma ou mais características de dois entes e se afirma que um desses entes possui uma dada característica desconhecida no outro. No segundo estágio, constante da conclusão se afirma a probabilidade de que essa característica se estenderá ao outro ente. Assim temos os seguintes elementos:

Entes comparados (conhecido);

Características comuns (conhecido);

Característica atribuída a um dos termos da comparação (conhecido)

Extensão da característica de um ente ao outro (desconhecido).

A analogia como espécie de raciocínio indutivo irá conduzir a uma conclusão indutivamente forte ou indutivamente fraca (com maior ou menor probabilidade indutiva). A força da conclusão indutiva é medida pela probabilidade de acerto de sua conclusão (probabilidade indutiva). Como já visto a probabilidade indutiva é calculada com base na probabilidade epistêmica de cada um dos enunciados que servem de premissas para a conclusão. Essa probabilidade epistêmica tem seu valor atribuído pela probabilidade indutiva dos silogismos dos quais as premissas se originam e esse movimento de regresso deve continuar até o atingimento dos axiomas que servem de base a toda justificação. Esses axiomas podem ser atingidos por esgotamento (não há mais como se regredir sem que se incorra na circularidade) ou por opção daquele que apresenta a justificação que fixa dados termos como axiomas (nesse caso deve-se lembrar de que, quanto mais longa a justificação melhor será sua qualidade e força persuasiva).

Além desses requisitos, que são comuns a toda e qualquer indução, a analogia possui outros que lhes são específicos, tanto quantitativos quanto qualitativos. Os quantitativos são: A) quantidade de elementos objeto de comparação contido nas premissas; B) quantidade de pontos semelhantes entre os entes das premissas e o da conclusão; C) quantidade de diferenças entre os entes das premissas. O qualitativo, que é na maioria das vezes o determinante da probabilidade indutiva, é a atinência.

Como já visto a analogia busca comparar entes distintos para atribuir a um deles dada característica que é conhecida no outro. Quanto maior for o número de entes que gozam da mesma similaridade e que possuem a mesma característica que se visa estender maior a probabilidade dessa extensão. O argumento segundo o qual João comprou um computador da marca "x" e ele funciona muito bem, então, provavelmente, se Pedro comprar um computador da mesma marca irá funcionar bem, é bem mais fraco do que João, Emílio,

Manoel e Margarida compraram computadores da marca "x" e eles funcionam bem, então, provavelmente, se Pedro comprar um computador da mesma marca provavelmente funcionará bem.

Tanto mais forte será o argumento quanto mais pontos de semelhança houver entre os entes citados nas premissas e aquele que ao qual se pretende estender a conclusão. Assim o argumento: João, Emílio, Manoel e Margarida compraram computadores da marca "x", modelo "Y", na loja "Z" e eles funcionam bem, então, provavelmente, se Pedro comprar um computador da mesma marca irá funcionar bem, é mais fraco do que João, Emílio, Manoel e Margarida compraram computadores da marca "x", modelo "Y", na loja "Z" e eles funcionam bem, então, provavelmente, se Pedro comprar um computador da mesma marca, modelo e na mesma loja provavelmente funcionará bem.

De outro turno, quanto maiores forem as diferenças entre si dos entes constantes da premissa maior será a probabilidade indutiva da conclusão. Desta forma o argumento João, Emílio, Manoel e Margarida que moram na mesma cidade, trabalham na mesma empresa, são da mesma faixa etária e usam os mesmos aplicativos, compraram computadores da marca "x", modelo "Y", na loja "Z" e eles funcionam bem, então, provavelmente, se Pedro comprar um computador da mesma marca irá funcionar bem, é mais fraco do que João, Emílio, Manoel e Margarida que moram em cidades diferentes, sendo que um é empregado da construção civil o outro estudante de direito e o terceiro empresário da área de petróleo e, por isso, usam aplicativos totalmente variados, compraram computadores da marca "x", modelo "Y", na loja "Z" e eles funcionam bem, então, provavelmente, se Pedro comprar um computador da mesma marca, modelo e na mesma loja provavelmente funcionará bem.

81

É preciso deixar claro que, embora esses requisitos do raciocínio analógico sejam quantitativos, isso não quer dizer que a probabilidade epistêmica de cada conclusão irá variar exatamente na razão das quantidades descritas. O fator determinante da força indutiva de um argumento analógico está na sua atinência.

Atinência pode ser definida como a relação causal que há entre dois enunciados (COPI, 1999). No caso da analogia a atinência que interessa é a estabelecida entre os enunciados da premissa e o enunciado da conclusão.

Para a correta compreensão da atinência há que se abordar a causalidade. O termo causa pode ser definido de muitas formas, mas para os efeitos desse texto, causa são as condições para a ocorrência de um efeito.

As condições são divididas, primariamente, em dois tipos, as necessárias e as suficientes. As condições necessárias são aquelas sem as quais o evento não se verifica, já as suficientes são aqueles que ocasionarão o evento sempre que estiverem presentes. Entre esses dois campos podem ocorrer um vasto número de combinações. Uma condição pode ser necessária mas não suficiente, outra pode ser suficiente mas não necessária, outras, ainda, podem ser suficientes e necessárias.

Utilizando a combustão como exemplo pode se verificar que a existência de oxigênio, de material combustível e de uma temperatura elevada, são condições necessárias para a combustão. No entanto, nenhum desse fatores isolados constitui uma condição suficiente para a combustão. Ao contrário, a combustão é condição suficiente para demonstrar a presença de oxigênio, material combustível e calor (SKYRMIS, 1971). Dito de outra forma, sempre que "A" for condição necessária de "B", "B" é condição suficiente para demonstrar a presença de "A". No primeiro caso a combustão é a propriedade condicionada e os demais fatores são as propriedades condicionantes, já no segundo caso se dá o inverso. Em linguagem corrente é possível afirmar que a propriedade condicionada é o efeito enquanto as propriedades condicionantes são as causas.

O método utilizado para se estabelecer quais as condições necessárias e suficientes para um dado evento foi sistematizado por Stuart Mill (COPI, 2009), e se divide em cinco passos: 1- concordância; 2-diferença; 3-conjunto; 4-resíduos; 5-variação concomitante.

O método da concordância é utilizado para a determinação de quais são as propriedades condicionantes comuns aos casos observados onde a propriedade condicionada se manifesta. Voltando ao exemplo da compra do computador: A, B e C compraram computadores da marca "x" com uma configuração "y" em lojas diferentes e essas máquinas funcionam bem. Então a propriedade condicionada é o bom funcionamento do aparelho e as prováveis propriedades condicionantes são a marca, a configuração e o local da compra. Como as propriedades condicionantes concordantes entre as três hipóteses são a marca e a configuração essas devem ser as condições necessárias para o bom funcionamento da máquina.

O método da diferença funciona de forma inversa. A, B e C compraram computadores da marca "x", sendo que A e B usam a configuração "y", C usa a configuração "z". As máquinas de A e B funcionam bem e a de C funciona mal. Das prováveis propriedades condicionantes a única que difere entre as máquinas que funcionam bem a que funciona mal é a configuração, isso indica que ela é a condição suficiente para o mal funcionamento.

O método conjunto analisa a diferença e a concordância ao mesmo tempo.

Com o método dos resíduos se elimina as condições conhecidas para um dado efeito. A partir de então as propriedades condicionantes restantes corresponderão a outra propriedade condicionada. Um bom exemplo é o peso de uma mala. Fulano pesa 85 Kg e sobe em uma balança com uma mala nas mãos. A balança marca, então 120 Kg. Como o peso de fulano é propriedade condicionante de 85 Kg o resíduo, 35Kg, é propriedade condicionante do peso da mala.

A variação concomitante é aplicada quando alguma propriedade condicionante não pode ser removida, mas sofre alterações e essas alterações produzem outras alterações na propriedade condicionada. O exemplo da influência da lua sobre as marés é elucidativo (COPI, 2009).

Visto isso é possível retornar ao quesito da atinência. Tanto melhor será uma inferência analógica quanto maior for a sua força indutiva e tanto maior será a força indutiva quanto maior for a atinência entre as premissas e a conclusão. A atinência é medida pela maior ou menor probabilidade dos fatores condicionantes atuarem sobre a conclusão. Por exemplo, o argumento segundo o qual João, Emílio, Manoel e Margarida que moram na mesma cidade, trabalham na mesma empresa, são da mesma faixa etária e usam os mesmos aplicativos, compraram computadores da marca "x", modelo "Y", na loja "Z" e eles funcionam bem, então, provavelmente, se Pedro comprar um computador da mesma marca, modelo e na mesma loja funcionará bem, é mais forte do que, João, Emílio, Manoel e Margarida que moram na mesma cidade, tem cabelos castanhos escuros e olhos cor de mel, compraram computadores que funcionaram bem então, provavelmente, se Pedro que mora na mesma cidade e possui cabelos e olhos da mesma cor comprar um computador ele funcionará bem. Isto ocorre porque a cor dos olhos e dos cabelos dos usuários não possui atinência (não são condições nem necessárias nem suficientes) para o bom funcionamento de um computador. Como a fixação das propriedades condicionantes depende da quantidade de dados submetidos aos métodos descritos, quanto maior for a quantidade de dados analisados maior será a probabilidade de acerto quanto as propriedades condicionantes. Por isso, no caso da justificação racional da analogia a prova precisa ser longa já que para se avaliar corretamente a probabilidade epistêmica será preciso saber quais dados foram utilizados para o estabelecimento da atinência entre as premissas e a conclusão.

A outra forma de raciocínio indutivo que interessa ao Direito é inferência da melhor explicação (IME) (HARMAN, 1965). Essa inferência é a forma de raciocínio que busca descobrir a causa provável de um dado evento. Percebido um dado evento há que se escolher, entre as causas possíveis, qual a que melhor o explica. De imediato pode se notar que as conclusões obtidas por essa classe de inferência se enquadra na definição de indução na medida em que as conclusões obtidas são apenas prováveis.

Nessa inferência de posse de um evento conhecido se busca inferir, dentre as causas possíveis, qual é a que melhor explica seu acontecimento. Por exemplo:

Foi encontrada uma poça de água no corredor de um prédio;

Essa água pode ser decorrente de: vazamento de cano; lavagem do corredor; chuvas;

Como choveu na noite anterior é provável que a água seja da chuva;

Portanto essa é a melhor explicação.

Em um modelo formal a IME pode ser descrita da seguinte forma:

1- E (evento);

2- H1, H2, H3 (elementos do conjunto de hipóteses escolhidas);

3- C1, C2, C3 são os critérios de escolha da melhor explicação;

4- Com a aplicação desses critérios H3 foi considerada a melhor explicação

5- É provável que E tenha sido causado por H3.

A diferença entre a IME e a generalização indutiva é evidente. Na generalização indutiva são observados uma série de situações e se conclui que, provavelmente, os demais eventos correlatos seguirão o mesmo padrão (todos os corvos encontrados até hoje são pretos, é provável que os próximos corvos a serem encontrados sejam, também, pretos)[44]. Na IME há, apenas um evento observado e o que se busca é saber quais foram as condições atuantes para a sua ocorrência (sejam suficientes ou o conjunto de condições necessárias). Por esse motivo a IME é utilizada, em larga escala, para a criação ou justificação de teorias sobre fenômenos não observáveis como no caso da física quântica ou subatômica. Enquanto a generalização indutiva é utilizada na pesquisa de fenômenos observáveis.

Na analogia há três elementos conhecidos e um desconhecido e o que se busca é a extensão de uma das características de um elemento a outro, na IME só há um elemento conhecido que é o evento que se busca explicar. De posse desse evento é criado um conjunto de hipóteses causais (condições suficientes ou conjunto de condições necessárias) capazes de, em tese, dar origem ao evento conhecido. Uma vez formulado o conjunto de hipóteses há que se escolher, dentre elas a melhor explicação possível. Esse tipo de inferência enfrenta três problemas que precisam ser esclarecidos: 1) como o conjunto de hipóteses é criado; 2) quais são os critérios para a escolha da melhor entre elas; 3) se a melhor explicação é ou não, sempre, a com maior probabilidade indutiva.

O problema da criação do conjunto de hipóteses é resolvido da mesma forma que se faz o cálculo da probabilidade indutiva. As hipóteses causais não são criadas a cada evento mas fazem parte do acervo de conhecimento acumulado pelo grupo social. A justificativa da pertinência de uma dada afirmação em um conjunto de hipóteses se dá pela explicitação das inferências anteriores que lhe servem de fundamento. Por isso fica claro que a criação do conjunto de hipóteses que serão utilizadas está diretamente ligada aos aspectos subjetivos do agente que as cria. Por exemplo: as condições elencadas frente a dados sintomas por um médico serão distintas das elencadas por um religioso, Mas o exemplo não precisa ser tão drástico. Duas pessoas educadas irão criar um conjunto de hipóteses distintas frente a um evento de acordo com sua formação profissional. Assim, o conjunto de escolha formado por um médico ginecologista e por um cardiologista a cerca de um mesmo sintoma será distinto. Por isso além de se levar em conta a probabilidade indutiva na formação das hipóteses há que se considerar a probabilidade epistêmica que varia de acordo com a quantidade de informações disponíveis para cada sujeito em função dos grupos a que pertence. Esse é um dos fatores que deve ser levado em conta quando da formulação e da análise da qualidade das IME. Tanto melhor e mais provável será a inferência quanto mais amplo for o conjunto de hipóteses escolhido. A IME na verdade desenvolve um critério de comparação relativa já que não leva em conta todas as condições necessárias e suficientes para o evento, mas apenas as incluídas no conjunto inicial de hipóteses (JUNGES, 2008). Mas isso não parece um grande problema na medida em que não se está frente a uma dedução que busca a verdade, mas sim frente a um tipo de inferência indutiva que irá apontar para a maior ou menor probabilidade de acerto.

Um dos grandes problemas para o uso das IME é a fixação de critérios não arbitrários (verificáveis) para a escolha de qual das hipóteses é a melhor. Os critérios mais comumente usados para a escolha da melhor explicação podem ser resumidos a três: A) potencial explicativo; B) Simplicidade e; C) analogia (THAGARD, 1978). Há outra opção que é o uso da fórmula de Bayesian (JOHNS, 2008).

O potencial explicativo é definido como sendo a capacidade de uma hipótese explicar outros fenômenos que não pertençam ao grupo para qual ela foi criada para explicar. Assim quanto maior extensão da aplicação de uma hipótese a casos distintos maior será o seu potencial explicativo (THAGARD, 1978). Ocorre que, geralmente, para que uma hipótese criada pala explicar um evento "E" possa ser estendida ao evento "E1" será necessária a adição de uma ou mais hipóteses adicionais. Assim, por exemplo, para que a teoria psicanalítica seja utilizada no estudo da história ou da economia há que se inserir hipóteses adicionais mais ou menos arbitrárias. Embora isso seja um fato comum e necessário ele deve ser contraposto ao segundo critério, o da simplicidade.

Uma hipótese será mais simples quanto menos hipóteses auxiliares arbitrárias ela necessitar. Como o potencial explicativo depende destas hipóteses auxiliares ao fim quanto maior o potencial explicativo de uma teoria menor será a sua simplicidade, por isso vale a afirmação de que a melhor explicação é aquela que se aplica ao maior número de conjunto de eventos com o menor uso de hipóteses auxiliares.

Por fim há a analogia. Sobre a forma de inferência analógica já se discorreu largamente nas páginas anteriores. A aplicação da analogia para a escolha da melhor explicação se dá entre eventos análogos cuja a explicação adotada é a mesma.

Em resumo, quanto maior for a gama de eventos explicados por uma hipótese com o mínimo de recurso a hipóteses adicionais arbitrárias melhor será a explicação.

O teorema de Bayesian é a tentativa de dar a esse critério uma representação matemática nos seguintes termos (JOHNS, 1978):

$$Pk(H1|E) = \frac{Pk(H1|E)}{Pk\,(H1) + Pk\,(H2) + Pk\,(H3)}$$

Onde a probabilidade (força indutiva) da IME que conclui que a hipótese um é a melhor explicação para o evento "E" é calculada dividindo-se

89

a probabilidade de que H1 seja a melhor explicação pela soma das probabilidades das demais hipóteses "H", levando-se em conta a probabilidade epistêmica daquele que formula e avalia as hipóteses "k". Essa redução matemática pode ser usada desde que se tenha em vista que os números não são mágicos. A conversão de um teorema da linguagem natural para a linguagem matemática não confere a ele uma maior credibilidade ou um maior grau de certeza. Assim como tradução de um idioma para outro a notação matemática nada mais é do que uma linguagem em que os pensamentos podem ser expressados.

Vale ainda notar que a IME é o tipo de raciocínio lógico adotado para a operação de indícios. Dado um evento que não se sabe quais foram as condições para o seu aparecimento cria-se um índice, ou seja, se procura estabelecer outros eventos que indiquem quais foram e como ocorreram essas condições. Segundo o dicionário indício é:

> "Signo não convencional que está fundado na relação de contiguidade com a realidade significada, como a fumaça e o fogo, a nuvem escura e a chuva; índice, índex, sinal." (HOUAISS, 2002).

Ora, na medida em que só se conhece o evento as condições para o seu aparecimento são percebidas e estabelecidas na forma de indícios. Esses indícios conduzem a um conjunto de hipótese que serão "competidoras" para o posto de melhor explicação para ele. A IME tenta servir que método para a escolha dentre esses indícios do que melhor explica o evento.

Dessa natureza indiciária é que decorre o problema de saber se a IME busca a melhor explicação ou a condição mais provável. O nome em si já dá uma pista, parece óbvio que a inferência da melhor explicação busca a melhor explicação mas não necessariamente a mais provável. A ideia é que a hipótese com maior poder explicativo seria necessariamente a mais provável. O grau de probabilidade seria, assim, auto evidente. Ocorre que as coisas nem sempre se passam desta forma, algumas vezes a hipótese que melhor explica o evento não é a que goza de maior probabilidade. Isso ocorre porque para a fixação da melhor explicação ou da explicação mais provável deve se levar em conta a probabilidade epistêmica e não a probabilidade absoluta (JOHNS, 1978). Assim uma explicação vista sob a ótica de outra probabilidade epistêmica pode ser mais provável do que sob outra. O fato é que, de posse de uma mesma probabilidade epistêmica a melhor explicação será também a mais provável.

Em resumo o que foi visto aqui pode ser retratado no seguinte esquema:

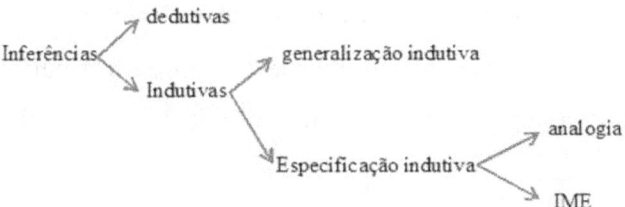

Onde as inferências são as formas de raciocínio e expressão em que se pode passar de uma afirmação a outra na forma de uma prova lógica com axiomas definidos e regras estabelecidas.

A dedução é a inferência que expressa um valor de verdade único e tautológico já que sendo verdadeiras as premissas a conclusão será necessariamente verdadeira. Isso se dá porque a dedução opera em uma relação de continente e conteúdo que não extrapola os termos ditados nas premissas. Motivo pelo qual se afirma que as deduções não acrescentam nada de novo a conclusão, seu conteúdo já está contido nas premissas.

A indução, ao contrário, funciona com uma maior ou menor probabilidade de acerto. Nesse tipo de inferência ainda que as premissas sejam verdadeiras não há a menor garantia de que a conclusão o seja. A indução não fornece certezas mas só probabilidades que são medidas pela força de seus argumentos (força indutiva) a força desses argumentos é estabelecida por um cálculo que leva em conta a força dos argumentos contidos e cada uma das premissas (probabilidade epistêmica), que por sua vez equivale a força indutiva das inferências que dão origem a essas premissas.

A indução pode ser generalizante quando se infere um comportamento provável, para o passado, o presente e o futuro de uma série de eventos observáveis (generalização indutiva). De outro lado a indução pode se referir a eventos específicos com a tentativa de estender as características de um conjunto a outro (analogia) ou pela tentativa de inferir, a partir dos efeitos, quais foram as condições para a sua produção (inferência da melhor explicação).

2.3 A justificação racional das decisões judiciais

Como visto a justificação das decisões judiciais é um imperativo constitucional. Essa justificação para cumprir seu papel deve ser racional, ou seja, deve ser formulada com base nas inferências lógicas descritas no item anterior. Além disso, essa justificação deve abordar três níveis: A) validade da norma que se pretende aplicar; B) formação e fixação do escopo de fatos sobre os quais a norma deve incidir; C) criação de uma norma individual pela inferência dos efeitos previstos na norma sobre os fatos apurados. Em cada um desses níveis será utilizado um tipo diferente de inferência: Para demonstrar a validade da norma a inferência usada é a dedutiva. Para a formação e fixação do escopo factual a inferência é a indutiva, especificamente a inferência da melhor explicação e, por fim para a criação da norma concreta será utilizada a inferência indutiva do tipo analógico.

Nunca é demais ressaltar que o objetivo aqui é estudar e estabelecer os padrões necessários para o correto cumprimento do dispositivo constitucional que determina que as decisões judiciais devam ser justificadas, não se pretende criar um roteiro ou compreender de que forma elas são tomadas. O contexto da decisão (análogo ao contexto da descoberta descrito por Popper) não é objeto desse trabalho. O que interessa aqui é determinar como pode uma decisão, previamente tomada, ser corretamente justificada. É claro que, assim como ocorre na ciência, nada impede que o julgador ao formular a justificação de sua decisão mude de ideia ao perceber que ela ou não é adequada ou não pode ser justificada.

Para que toda prova lógica tenha algum sentido é imperativo que se estabeleça: A) os axiomas; B) as regras de inferência; C) o sentido dos termos utilizados nas proposições. Na justificação das decisões essa regra deve ser igualmente aplicável.

Os axiomas podem ser fixados em qualquer ponto da prova, no entanto, quanto mais longa aprova melhor será a justificação, por isso o axioma da fundamentação de uma decisão judicial deve ser a validade e obrigatoriedade do direito. A adoção desse axioma deve ser imediatamente sucedida pela a

93

explicitação de outro que toca a fonte e aos limites do direito vigente. Deve-se responder claramente a questão sobre o fundamento de validade do direito positivo e sobre a existência ou não de fontes e limites absolutos (naturais). É claro que sempre será possível, embora não aconselhável, adotar como axioma indiscutível expressões genéricas e de significado suspeito tais como "a dignidade da pessoa humana", mas cumpre ressaltar que esse tipo de conduta não atende ao imperativo do artigo 93 IX da Constituição Federal.

Uma vez fixado o axioma, no caso em questão a obrigatoriedade do direito positivo pela eficácia global do sistema, o tipo de inferência que será usado para avaliar se a norma que se pretende aplicar na justificação é válida é o dedutivo. A avaliação da norma a ser utilizada é feita em duas direções: A) validade formal; B) compatibilidade de conteúdo frente ao sistema. Para a validade formal deve ser usada a "pirâmide de Kelsen" (KELSEN, 1999), onde irá se verificar se a norma em questão foi produzida dentro dos padrões de competência e forma estabelecidos nas normas que lhes são hierarquicamente superiores. Além disso, no ordenamento jurídico brasileiro, há uma necessidade de coerência de conteúdo. Isso quer dizer que não só a forma de produção e a competência devem ser levadas em conta para a análise da validade da norma que se pretende aplicar, a conformação e possibilidade de dedução de seu conteúdo de uma norma hierarquicamente superior também deve ser levada em conta. Assim uma norma cujo conteúdo seja contrário ou contraditório com o conteúdo de outras normas que lhe são especificamente superiores não pode ser aplicada por ser inválida. Essa necessidade decorre, em larga medida, da positivação de uma série de princípios no texto constitucional. Como os princípios assim positivados passaram a integrar o

94

direito positivo todas as normas infraconstitucionais devem ser coerentes com eles[45]. A Constituição possui um sistema de princípios concêntricos relativamente simples, onde há princípios fundamentais, princípios gerais e princípios setoriais.

Assim, o conteúdo dos princípios gerais devem ser deduzidos dos conteúdos dos princípios fundamentais, os setoriais do conteúdo dos gerais e o conteúdo das regras, para sua validade, devem ser deduzíveis dos conteúdos dos princípios setoriais[46].

Como já visto é a inferência dedutiva que opera com as relações de continente e conteúdo dando origem a conclusões tautológicas, que serão aplicadas nesse ponto o grande problema para a aplicação da dedução no estabelecimento da validade das normas em relação ao seu conteúdo está na necessidade, muitas vezes negligenciada, de explicitação dos significados dos termos usados nas premissas dedutivas. Essa necessidade de explicitação acompanha a todo e qualquer raciocínio e a todos os passos da justificação das decisões não sendo uma característica específica da dedução normativa.

É conhecido o brocado latino que diz que aquilo que não está nos autos não está no mundo. O estabelecimento e a fixação dos fatos que entrarão no silogismo analógico da justificação se darão por via da inferência da melhor explicação. Como já visto a IME é a inferência apta a trabalhar com indícios. Indícios são a forma de se fazer uma ilação a partir do efeito, em outras palavras, há um fato que indica a ocorrência de outro. Todos os fatos apurados na esfera processual são obtidos por via de indícios. Há, na lei processual, uma serie de regras que funcionam como critérios para a escolha da melhor explicação. A aplicação desses critérios em conjunto com as regras da IME é que possibilitará a justificação da inclusão e exclusão do conjunto de fatos que servirá como premissa menor do silogismo analógico sentencial.

A conclusão do ato decisório é expressa por via de uma inferência analógica. Aqui há que se fazer um esclarecimento. Até hoje há uma impressão errônea de que as decisões judiciais são construídas como inferências dedutivas. Essa crença não é só um erro, ela é ideológica e extremamente prejudicial ao Direito e a democracia. Como as conclusões obtidas pelas inferências dedutivas são tautológicas, necessariamente verdadeiras desde que as premissas também o sejam, imaginar que uma decisão judicial importa em uma dedução significa dizer que: A) seria possível deduzir um fato de uma norma; B) Uma vez corretas as premissas da decisão (norma e fato) a decisão será sempre correta; C) Haveria uma única decisão correta capaz de excluir todas as demais opções como erradas.

A decorrência direta desse tipo de postura é imaginar que o ato decisório é só uma questão de se subsumir um fato a uma norma dada, com isso se afasta o conteúdo volitivo das decisões. Uma vez afastado esse conteúdo volitivo a sentença é apenas um ato automático de verificação da verdade ou falsidade das premissas. Essa visão do processo decisório serve de fundamento para o positivismo exegético que justifica duas formas ideológicas de aplicação do Direito que são: a escola da exegese, onde ao juiz é vedada a interpretação devendo sua atuação se resumir a declarar qual o direito que incidiu sobre o fato e; a evolução dessa visão de mundo segundo a qual as sentenças judiciais são sempre corretas, exatas e indiscutíveis (quase sagradas). O fato é que toda essa visão de mundo se esvai na medida em que se compreende que o tipo de inferência usado no fundamento das conclusões das decisões judiciais não é o dedutivo (gerador de tautologias) mas, sim a indutiva analógica, capaz apenas de fornecer probabilidades. Ora, na medida em que a conclusão do ato decisório é apenas uma questão de maior ou menor probabilidade (força indutiva) de acerto há a probabilidade inversa de erro, ou seja, a decisão é escolhida (ato de vontade) entre várias prováveis e não descoberta pelos iniciados e revelada aos súditos. Por isso as decisões judicias podem e devem ser discutidas, não só nas esferas do próprio poder judiciário como em outros setores da sociedade, sem que isso importe em crime, erro ou heresia. É claro que na esfera judicial a coisa julgada é parte fundamental do sistema e deve ser respeitada, mas isso não implica que as decisões, ainda que transitadas em julgado, não possa ser objeto de análise crítica no seio da sociedade, em especial na academia.

A conclusão do ato decisório toma a forma de uma analogia na medida em que estão em jogo premissas de ordens distintas e que há três elementos conhecidos e um desconhecido que se busca inferir.

A premissa maior é uma norma da esfera do dever ser cuja justificação de pertinência (inferências anteriores que fundamentam sua validade) se dá pela via da inferência dedutiva.

A premissa menor é um fato da esfera do ser que é justificado pela aplicação da inferência da melhor explicação (IME) na avaliação dos indícios (todos os fatos e provas apurados na esfera processual são indiciários).

Nunca é demais ressaltar que não se pode deduzir um ser de um dever ser nem vice versa. Se algo deve ser é porque não é e se é não precisa dever ser. Por conta dessa diferença de natureza o fato contido na premissa menor nunca irá se encaixar, exatamente, na hipótese normativa e, por isso, sempre poderá ser comparado analogicamente com outras hipóteses normativas.

Neste contexto os três elementos conhecidos são: A) a hipótese de fato prescrita na norma; B) a sanção cominada na mesma norma; C) os fatos descritos na premissa menor. O elemento desconhecido é a tentativa de aplicação da sanção prevista na norma ao fato.

Tanto maior será a qualidade da justificação da decisão quanto maior for a probabilidade indutiva da conclusão da inferência analógica que figura como conclusão da decisão. A força indutiva dessa conclusão deve obedecer a todos os já descritos para essa avaliação.

Uma vez estabelecidas os tipos de inferência usados para uma correta justificação das decisões judicias os próximos passos serão: a) discorrer sobre os axiomas geralmente utilizados que se dividem em dois grupos, positivistas e não positivistas. Cada um desses grupos conta com um numero quase infinito de sub tipos dos quais somente alguns serão expostos (fundamentos). Em seguida se faz necessário o estabelecimento de um conjunto mínimo de significados de termos usados na composição das premissas decisórias (dogmática).

2.4 A fixação do fundamento

Uma vez estabelecido que:

A) O conhecimento depende da justificação de uma afirmação;

B) A justificação deve ser racional, ou seja, deve decorrer de um raciocínio lógico inferencial;

C) A avaliação das inferências é limitada já que não é possível regredir ao infinito de uma inferência a outra;

D) Há que se estabelecer um ponto inicial, dogmático (axiomas) de qualquer teoria para, a partir deles, se possa verificar a correção ou incorreção dos raciocínios desenvolvidos.

O primeiro passo de qualquer teoria é a fixação de seus fundamentos (axiomas).

Voltando ao exemplo do gato preto da Flávia: Imagine-se que o mesmo gato é visto por um cientista, por um artista plástico e por um religioso. O cientista afirma que a asserção é errada já que pelas características do animal aquele felino não é um gato, mas sim uma pantera anã raríssima da floresta setentrional africana. Para justificar suas afirmativas, o nosso homem da academia irá desfiar uma infinidade de citações de doutos na área afirmando que as características por ele apontadas não são de um gato, mas sim de uma pantera anã.

Já o artista plástico afirma que o gato não é preto; na verdade sua cor é a última moda em Milão, o gato é cinza escuro e justifica suas afirmações numa palheta de cores escrita em no idioleto do mundo da moda.

O religioso, por sua vez, afirma que não é nem gato, nem preto, trata-se, de fato, de uma encarnação do demônio e a justificativa está na sua interpretação dos textos sagrados da religião que cultua.

Partindo da premissa que todas essas asserções foram justificadas com o correto uso do raciocínio lógico inferencial deve-se admitir que há aqui quatro asserções justificadas de sujeitos sobre uma mesma proposição. As quatro asserções possuem explicações fundamentadas em premissas (dogmas ou axiomas) diferentes. O fundamento da afirmação inicial é o senso comum. O cientista se funda na autoridade de outros produzidos com seus próprios fundamentos (POPPER, 2004). O artista plástico se fundamenta na linguagem de seu próprio grupo. Já o religioso usa a palavra da divindade como fundamento.

Com esse pequeno exemplo pode-se perceber que, dependendo do fundamento escolhido, as explicações irão se desenvolver de forma diferente e as conclusões também serão diferentes. As asserções estão sempre condicionadas às explicações e as explicações condicionadas aos fundamentos. Todas essas afirmações podem, uma vez aceitos seus fundamentos, ser consideradas como conhecimento.

2.4.1 Fundamentos essencialistas e fundamentos relativistas

Na medida em que as asserções descritas sobre o gato estão devidamente justificadas como é possível descobrir o que difere o conhecimento do não conhecimento, o que separa a luz da sabedoria das trevas da ignorância. Como escolher qual das asserções é a correta? Nesse ponto há uma bifurcação primordial no caminho. Um lado da estrada conduz ao absoluto, ao necessário e ao universal. O outro lado conduz ao relativo, ao contingente e ao coletivo (não universal nem singular, mas coletivo, compartilhado por dado grupo).

O caminho que conduz ao absoluto é trilhado pelos essencialistas que, até hoje, vivem à sombra do platonismo com suas tímidas variações. Seguindo esse ponto de vista, há que se escolher qual dos fundamentos expostos é aquele ao qual irá aderir sem qualquer reserva, pois uma vez adotado como válido, exclui todos os demais. O absoluto é sempre universal e necessário. É válido para todas as pessoas, em todos os tempos, espaços e culturas. Aquele que encontra a essência descobre a Verdade (com maiúscula). Essa Verdade não admite exceções, é a mesma para todos, sempre e em todos os lugares (universal), por isso mesmo necessária, deve ser informada, revelada aos demais até pela força. Para os essencialistas o fundamento não é uma questão de escolha. Por ser universal ele é sempre autoevidente e não precisa ser exposto. O problema é que há vários defensores de fundamentos absolutos e universais diferentes.

É o caso do cientista, tão essencialista quanto o religioso; seu fundamento pode seguir dois caminhos: a) o argumento de autoridade construindo a citação e interpretação de textos de "autoridades", muito similar às disputas teológicas medievais; b) recurso ao empirismo e ao método científico que se funda sobre a classificação e na indução julgando-se capaz de extrair a verdade do mundo com a submissão das aparências ao "tribunal da experiência". O mesmo acontece com o religioso. Seu fundamento, a palavra de Deus, para ele é tão autoevidente e universal quanto o do cientista. Enquanto aquele localiza o absoluto ou na autoridade de seus pares, ou no método e no empirismo (verdade por correspondência) esse o localiza na divindade. Ambos possuem a crença no monopólio da verdade "apreendida" do absoluto. Nos dois casos, uma vez estabelecido o fundamento inicial do raciocínio todo o desenvolvimento posterior será ditado pelas regras inexoráveis da lógica formal.

O atrito que existe entre os dois homens (o de fé e o das ciências) é proveniente da eleição de fundamentos absolutos, necessários, universais e, em última instância, indemonstráveis. O religioso acredita que todos serão tocados pela revelação dos textos sagrados; já o cientista acredita ou que as palavras de seus predecessores contêm a verdade ou que suas demonstrações são objetivas, neutras e verificáveis e que, com essas características, seu raciocínio poderá se impor como absoluto. No entanto a objetividade, neutralidade e verificabilidade da ciência nem de longe são incontroversas (PUTNANN, 1997)[47].

O recurso ao argumento de autoridade, adotado pelo religioso e pelo cientista, é muito conhecido pelos advogados e pelos acadêmicos. Nas petições os advogados buscam legitimar seus argumentos com extensas citações doutrinárias e jurisprudenciais buscando, o tempo todo, fundamentar suas alegações em entendimentos expostos por "autoridades" que devem ser respeitadas por aqueles que vierem a ler suas peças. No "mundo acadêmico" a situação é ainda pior. As teses de doutorado, os livros de doutrina e as dissertações de mestrado, em sua extensa maioria, não passam de compilações de outros trabalhos que, por sua vez são outras compilações e assim sucessivamente. Há uma aversão ao raciocínio. Não por outro motivo, algumas vezes, esse festival de compilações descamba para a fraude, com a cópia por inteiro de compilações feitas por outros. Sob certa ótica essa cópia faz todo sentido. Se a maior parte da doutrina, das petições e das decisões judiciais não passa de compilações de citações de obras que compilam e citam outras, a cópia direta e descarada nada mais é do que o comportamento desejado levado ao extremo. Ao levar ao extremo, pela cópia, o comportamento que é desejado, (compilar argumentos de autoridade) os que assim fazem são considerados infratores, não tanto pela sua ação, mas pela involuntária exposição ao ridículo do culto extremo ao argumento de autoridade. Mas o que importa é o fundamento desse tipo de argumento. Qual é o dogma de onde decorre a validade dos raciocínios fundados no argumento de autoridade?

Por um lado todo saber implica poder[48], quem detém o poder não quer abrir mão dele e a melhor forma de fazer isso é dificultar as críticas e potenciais mudanças de paradigmas com o culto à autoridade representante do "saber" estabelecido. Por outro lado, as sociedades funcionam exclusivamente por via da interação que é sempre recursiva, respeitando as regras que reproduz logo a mudança das regras é lenta já que, para ser compreendida, deve obedecer, minimamente, às regras que se deseja mudar.

Já o método científico é empirista e está baseado na existência de um mundo externo, independente do observador e passível de ser apreendido pela razão. Em primeiro lugar, a existência de tal mundo não pode ser demonstrada. Por outro lado (como a própria ciência vem concluindo) uma objetividade pura e neutra é impossível já que o objeto observado é sempre contaminado pelo observador. Toda vez que alguma coisa é observada, a percepção e o relato dessa observação serão contaminados pelas pré-compreensões de mundo que o observador carrega. A saída para esse impasse seria a adoção de um método compartilhado pela comunidade científica que possibilitasse a verificação das conclusões por outros (POPPER, 2004)[49]. Essa solução deixa de levar em conta que aqueles que partilham a crença em um mesmo método também compartilham, em alguma medida, crenças e pré-compreensões.

Na outra via da bifurcação está o relativismo do discurso. É curioso que após a vitória do platonismo e da quimera da essência, o relativismo tenha se tornado um defeito, quase um xingamento. Os filósofos pré-socráticos de maior prestígio eram os sofistas, que cultuavam a obtenção da verdade pela via do consenso e a obtenção do consenso pelo discurso. Dentre esses filósofos um dos de maior expressão era Górgias. Das obras de Górgias nos chegaram muitos fragmentos e dois textos completos. O Elogio a Helena e o Ensaio Sobre o Não Ser. Dessa última obra o que temos é uma paráfrase de Sexto Empírico. Esse texto é uma reação ao crescente culto Socrático/Platônico da essência.

Os argumentos de Górgias são, no mínimo, convincentes. Eles são estruturados em uma hierarquia lógica, da seguinte forma:

A) O mundo é dividido entre "ser" e "não ser";

B) Só se pode falar e perceber o ser;

C) Se é possível falar e perceber o "não ser" é porque o "não ser" é alguma coisa;

D) Sobre o nada, nada se pode falar, logo se há um discurso sobre o "não ser" é porque ele "é" alguma coisa.

Esse paradoxo conduz a inutilidade da distinção entre "ser" e "não ser" já que tudo que se pode perceber e a respeito do que se pode falar está no campo do ser, donde a distinção é inapropriada;

Se a essência última das coisas reside nas ideias e não nas palavras ou ela não pode ser apreendida ou não pode ser comunicada, o que a torna irrelevante.

Uma vez que não é possível perceber nem tampouco comunicar a essência das coisas no mundo, e a verdade por correspondência depende da adequação dos enunciados a essa essência, a verdade por correspondência se torna impossível, restando o discurso. Verdade será aquilo que uma comunidade considera verdade.

É importante notar que o discurso da essência (ou ontologia) carrega em si uma forte ideologia de dominação. A verdade passa ser moralmente valorizada. O julgamento do mundo pela sua aparência e pelo discurso passa a ser um pecado. E aquelas autoridades que são detentoras das habilidades de descobrir a verdade não podem ser contestadas já que a verdade assim definida é impossível de demonstração.

Somente no início do século XX a força do discurso começa a ser reabilitada pelo que se convencionou chamar de segundo Witigenstein.

Em suas investigações filosóficas o autor desenvolve o conceito de jogos de linguagem e, a partir desse conceito, serão desenvolvidas as teorias de Dewey, Putunan, Foucaut, Flusser, dentre outros. Por outras vias Perelman reabilita a retórica aristotélica como campo da filosofia.

O que interessa dessas diversas correntes filosóficas é o que elas têm em comum: o relativismo oriundo do uso da linguagem. Nunca é demais lembrar que relativismo, nesse contexto, não tem nenhuma conotação pejorativa. Se é certo que a "palavra cão não morde" é certo, também que sem as palavras não existem nem o cão nem a mordida. Se não há palavras o que quer que seja não entra no campo do entendimento, da memória ou da consciência. A memória é sempre discursiva, o entendimento também, não há essência para além da linguagem. De fato, sem a palavra nem sequer a existência existe. Existir é só uma palavra que corresponde a um significado compartilhado pelos usuários de uma língua e que só pode ser definida por outras palavras.

A correta justificação produtora do conhecimento é estabelecida pela correspondência entre as sentenças (proposições) e o significado das palavras que a compõem. O significado das palavras é determinado pelo uso que os falantes de uma língua dão a ela, logo a fundamentação e a justificação são questões de consenso sobre o significado das palavras em uma dada comunidade. Esse consenso só pode ser obtido pela via da argumentação e só pode ser verificado na esfera do discurso. Nesse sentido o relativismo, em oposição ao absoluto defendido pelos essencialistas, é a forma mais democrática de construção do saber e, de fato, a única forma demonstrável. Uma vez que a essência ou não pode ser descoberta ou não pode ser comunicada a verdade por correspondência conduz, diretamente, para o autoritarismo, para os *"argumentum ad verecundiam"*[50] e daí para o solipsismo.

Retornando ao exemplo do gato, qual a verdadeira essência do gato, onde reside a "gatitute", depois que tiramos tudo o que não é essencial do conceito de gato o que sobra? Nada que seja comunicável.

Nessa ordem de coisas a palavra "gato" não agrupa seres que possuem uma característica essencial em comum (uma "gatidade"), mas sim os padrões de repetição que uma sociedade adotou como significados da palavra "gato".

O conhecimento não está na descoberta da essência do que seja um gato e na correspondência do uso da palavra com essa essência. Reside na utilização da palavra "gato" segundo os padrões de repetição de seu significado pelos usuários de uma dada língua.

Conhecimento, dessa forma, continua a ser definido como uma asserção justificada de um sujeito sobre uma proposição (AJsp) só que o conceito de justificação se desloca da ontologia para o discurso. Asserção justificada é aquela com a qual um determinado grupo concorda. A concordância do grupo com a justificação somente pode ser obtida ou aferida pela via do discurso e da argumentação. Não há nada de mágico, divino ou natural. Conhecimento não passa do consenso dos falantes sobre o significado das palavras, esse consenso se origina no uso dessas mesmas palavras.

Em última análise, o risco do relativismo reside na sua virtude. Pode-se pensar que, ao abrir mão do absoluto, do necessário e do universal, o relativismo e a justificação pelo discurso percam sua força por conta de uma aparente contradição. Se a verdade é relativa, então é relativa a afirmação de que a verdade é relativa? Claro que sim. Se em um dado grupo de falantes houver consenso de que a verdade é absoluta, necessária e universal, ela assim o será, e pela via relativa do consenso, e sempre poderá mudar.

Essa é a descoberta feita por Tarski em sua concepção semântica da verdade em que o autor recupera a possibilidade e utilidade do conceito de verdade pela via da formalização. "É verdade que neve é branca se, e somente se, a neve for branca". Mas os conceitos de neve e brancura estão fora da equação. Trata-se, apenas, da comparação do nome de uma oração com a oração, uma relação entre linguagem e metalinguagem. Esse conceito semântico da verdade pode ser utilizado por todas as correntes filosóficas uma vez que se presta tanto às correntes essencialistas quanto às relativistas. O que cada uma dessas correntes fará é alterar o critério de verificação entre a linguagem e a metalinguagem (TARSKI, 1941).

Como escolher dentre as decisões contraditórias proferidas pelos magistrados e dentre as doutrinas opostas escritas pelos mestres onde está a verdade? Quem tem razão?

Só com a explicitação dos fundamentos e das razões das doutrinas e dos é possível avaliar a qualidade da justificação. Essa avaliação irá levar em conta os usos da comunidade sobre as palavras empregadas pelos doutos e não sua autoridade como detentores do monopólio sobre uma verdade absoluta. Somente pela via do discurso é que as asserções proferidas na doutrina e nas sentenças poderão ter as suas justificações avaliadas. O resultado dessa avaliação é que irá separar o erro (incongruências nas inferências) e a fraude (tentativa de imposição de padrões absolutos com aparência de necessidade ou de racionalidade evidente) do conhecimento. Portanto, somente pela via da avaliação das justificações dos julgados e das obras doutrinárias é que se poderá chegar a critérios seguros (ainda que não infalíveis nem universais) para separar a boa da má doutrina, a sentença correta da sentença inepta.

O recurso a essa via é fundamental para a preservação da sociedade já que o constante apelo ao absoluto por parte dos doutos produz aparência de fraude e autoritarismo que mina a credibilidade nas instituições, universidades e tribunais, que eles representam. O descrédito da sociedade nessas instituições possui um efeito deletério sobre o tecido social que pode minar as bases da sociedade tal como conhecemos.

Capítulo III
Explicitação dos Axiomas

A exposição dos fundamentos mais comumente usados como axiomas dos raciocínios jurídicos não pode ser compreendida sem a prévia fixação dos conteúdos de alguns dos termos nela usados.

3.1 Conceitos Jurídicos Básicos
3.1.1 A Norma

Todos os seres humanos nascem inseridos em uma sociedade. A individualidade humana, o sujeito, depende dessa inserção. Só com a interação social o sujeito individual encontra as condições necessárias e suficientes da existência (HONNETH, 2009)[51].

O que define um indivíduo? Como se forma a personalidade? A criação e a afirmação da individualidade se dá pelo confronto com o outro. Só o limite imposto pelo outro é capaz de produzir o contorno do eu. Individualização é separação. Formar o indivíduo é criar de fronteiras e limites entre o indivíduo e o mundo, entre o indivíduo e o outro. A constatação de que se é algo distinto dos outros depende da percepção desses outros e tal percepção somente pode ser estabelecida por via de relações. A inserção em um grupo social é que possibilita o estabelecimento dessas relações e com elas a fixação do contorno da individualidade.

A personalidade surge da continuidade da fixação dos limites individuais do sujeito. Se, a cada dia, fosse preciso estabelecer novos limites a partir do zero não seria possível falar em personalidade. A personalidade advém da percepção e construção gradual da individualidade, da lembrança da separação e da construção de novas separações. Esses movimentos constantes de separação, limitação e exclusão são decisivos para a formação da personalidade e estão na origem da sensação de "sofrimento" que acompanha o crescimento individual. Somente com o recurso a memória é que se é capaz de dar um sentido de continuidade para a fixação dos limites individuais. Dito de outra forma, um sujeito qualquer, o Sr. João, por exemplo, só se percebe como Sr. João porque sabe onde estão seus limites. Esses limites foram construídos e percebidos como consequência das várias relações estabelecidas por esse sujeito com outros ao longo do tempo. Sem o recurso a memória o Sr. João sempre, todos os dias, teria que iniciar, de novo, esse processo de individuação do "zero" o que poderia produzir um novo sujeito que não o Sr. João a cada novo dia. Só com o recurso à memória que se pode desenvolver e manter a individualidade e é por via desse processo que a personalidade é construída. Isso não significa que em um dado momento a personalidade estria pronta. A cada nova relação são criadas novas fronteiras, novos limites e com isso a personalidade se desenvolve e o crescimento continua, todos os dias, até a morte. Ora, se a personalidade é criada e se desenvolve pelas relações intersubjetivas e se essas relações só se estabelecem na sociedade, essa sociedade é a condição necessária e suficiente para a criação e manutenção da individualidade e da personalidade tal como as conhecemos (DELEUZE, 2009)[52].

110

Como não há, nos dias de hoje, nenhum sujeito que surja fora de um grupo social qualquer não interessa aqui entrar na discussão aporética sobre a ordem de precedência entre indivíduo e sociedade (HONNETH, 2009). Não há qualquer possibilidade de se chegar a uma conclusão verificável se a sociedade é composta por um grupo de indivíduos ou se os indivíduos são um produto da sociedade. O fato é que não há sociedade sem indivíduos e não há indivíduos (sujeitos) sem sociedade.

O elemento primário de formação e manutenção dos grupos sociais são as relações que se estabelecem entre seus membros. Relações essas que irão determinar a individualidade daqueles que nelas se envolvem. Há aqui uma circularidade evidente. A sociedade é composta por uma rede de relações intersubjetivas, que, por sua vez, são as responsáveis pela existência dos sujeitos nelas envolvidos. Tais relações não se estabelecem de forma arbitrária ou aleatória, ao contrário, esse processo segue um conjunto mais ou menos definido de normas que são compartilhadas pelos atores sociais (GIDDENS, 2009)[53]. Se assim não fosse o estabelecimento das relações seria impossível. Imagine um jogo de tabuleiro em que um jogador está jogando xadrez e o outro joga damas, sem que se estabeleça, entre eles, regras comuns o jogo será incompreensível para ambos. Uma sociedade em que os atores não compartilhassem um conjunto de normas em sua interação seria de todo impossível.

Definida a sociedade como um conjunto de relações interpessoais, e esclarecido que essas relações só são possíveis se os polos envolvidos seguirem as mesmas normas e que a individualidade e identidade do sujeito tem como condição necessária a vida em relação, há que se concluir que a

111

existência humana é eminentemente normativa. Só com a criação e observância de um conjunto de normas é possível o estabelecimento de relações entre os indivíduos e, por outro lado, na medida em que a constituição da individualidade (do ser humano como conhecemos) depende da vida em relação é forçoso concluir que os sujeitos que nascem dentro de uma sociedade estão, do nascimento até a morte, imersos em um conjunto inescapável de normas. Por isso os seres humanos são animais sociais e normativos. Tudo, absolutamente tudo, na vida humana obedece a normas pré-estabelecidas.

O melhor exemplo disso é a linguagem. Veja esse texto, se não fossem, minimamente, seguidas as normas semânticas e sintáticas o seu entendimento por parte do leitor seria impossível (ARAUJO, 2008).

A observação atenta de qualquer aspecto da vida humana, da vida do sujeito individual e da ação coletiva, irá revelar as normas que regem aquele comportamento. Mesmo os comportamentos erráticos e violentos são regulados por normas, até mesmo as guerras e revoluções são normatizadas. Mas o que é "normal"? "Normal" é o que se desenvolve de acordo com a "norma" estabelecida e aceita pela maioria do grupo. Por exemplo, um advogado vestido com terno e gravata em um tribunal é normal, um surfista na praia de calção é normal, já o contrário, o surfista de terno e o advogado de calção, não é normal. É importante chamar a atenção para o fato da criação de normas constituir em um elemento de "normalização", isto é, na origem daquilo que é o padrão de normalidade (FONSECA, 2002)[54].

O termo norma é, usualmente, ligado a imposição, coação e disciplina. Onde há regras há um poder disciplinar externo que as impõe, constrangendo os indivíduos a segui-las. Mas esse processo nem sempre é tão claro nem tão doloroso. Embora todos os aspectos da vida humana estejam sujeitos a normas muitas dessas normas não são evidentes nem tão pouco explícitas e sua observância e eventual sanção se dão, na maior parte do tempo, de forma inconsciente. Por exemplo: as normas de comportamento à mesa; de vestuário; de uso da linguagem; de etiqueta; de postura; de dieta; de conduta sexual; enfim, de perto todas as condutas humanas são reguladas por normas (FOUCAULT, 1987).

O ser humano não se liberta da normatividade nem quando está sozinho trancado no banheiro, nem mesmo em sonhos. Isso ocorre porque o fim da normatividade implica no fim da subjetividade, na medida em que sem as normas as relações são impossíveis e sem as relações o sujeito não se constitui nem se mantém. Soma-se a isso o fato de que uma vez estabelecida a subjetividade jamais se está só[55].

A moralidade nada mais é do que o confronto de nossas atitudes com um padrão de normas e deveres que são autoimpostos. Os deveres morais decorrem da resposta dada a pergunta: "O que eu devo fazer mesmo que ninguém esteja olhando e ninguém mais venha a descobrir o que eu fiz?" A resposta sincera a essa pergunta define a moralidade de cada um. Ter uma conduta moral é agir de acordo com as respostas encontradas, ser moralista é tentar impor aos outros a mesma resposta e ser hipócrita é mentir com veemência a si e aos outros sobre as respostas encontradas (TAILLE, 2007).

Desde logo deve ficar claro que mesmo a normatividade moral não é criada pelo indivíduo isolado. As normas são condição e ao mesmo tempo efeito da interação social, da mesma forma a individualidade é produtora e produto dessa mesma interação, assim não há como se falar de normas criadas pelo indivíduo de forma isolada, nem mesmo as normas morais são criadas dessa forma. A moralidade individual, na verdade, é produto da absorção e interpretação de normas reguladoras das relações sociais. Parece escapar as ciências confessionais (psicologia, psicoterapia entre outras) o fato do indivíduo ser fruto da normatividade. A maior parte dos conflitos "patológicos" da personalidade decorrem da percepção das normas e da interpretação que delas se faz[56].

Outra questão a se considerar é o desvio[57]. Os grupos sociais são formados por vários grupos menores que os integram. Cada um desses grupos possui um conjunto normativo próprio. Na medida em que a sociedade não é um conjunto totalmente homogêneo o cumprimento das normas de relação de um dado grupo pode implicar em descumprimento da norma para outro. Assim o que visto como desvio por um grupo é compreendido como "normal" para o outro. Na medida em que a sociedade e os indivíduos são mutuamente dependentes os indivíduos também não possuem um comportamento homogêneo, pois pertencem a vários grupos que demandam o atendimento de normas contraditórias. A vida em sociedade é a tentativa de um constante equilíbrio entre demandas contraditórias. Mesmo com todo cuidado todas as atitudes que os sujeitos tomam em sociedade sempre serão encaradas por algum grupo como comportamentos desviantes, que não seguem as normas, "anormais", portanto (BECKER, 2008).

Os conflitos interiores mais graves advêm dessa tensão. Quanto mais profundo é o laço do indivíduo com um dado grupo, maior é o seu comprometimento com as regras desse grupo e, quanto maior o comprometimento, maior a culpa que sente ao ser visto como desviante ou

114

anormal pelos membros de tal grupo. Ocorre que, cedo ou tarde, o requisito para ser aceito ou para se manter em outros grupos passa pela aceitação de regras que são vistas pelo primeiro grupo como desviantes. A família e os adolescentes são bons exemplos. O indivíduo nasce e é criado em um ambiente familiar que é composto por determinadas regras, ao chegar a adolescência o desejo de pertencer a outros grupos o impele a infringir as regras familiares. No casamento se dá o mesmo. Quando duas pessoas se casam trazem consigo um conjunto de normas de relacionamento herdadas e apreendidas em seu próprio núcleo familiar, essas normas serão contraditórias em vários pontos. Nessa contradição residem muitos dos problemas matrimoniais. O que é normal, isso é segue as normas, para a família de um é anormal, infringe as normas, para a família do outro.

A real formação da individualidade está na percepção dessas normas e na escolha de quais cumprir e quais infringir. Acontece que a infração a uma norma implica em sanções, que se manifestam de várias formas e em vários níveis.

Toda norma, seja jurídica, social, religiosa, de etiqueta, explícita ou implícita, tem uma estrutura similar que é composta por três elementos: A) hipótese; B) preceito e; C) sanção.

Como a própria norma muitas vezes não é explícita, há normas em que apenas alguns desses elementos são explícitos, o que não significa que eles não existam ou não estejam presentes[58].

A hipótese é a descrição de uma conduta. No preceito um sinal valorativo quanto a conduta (sim ou não). E a sanção é a consequência desagradável prometida no caso do não acatamento do preceito (KELSEN, 1987).

Até as normas mais simples, mesmo as que não são explícitas possuem essa estrutura. O exemplo da adolescente não é uma exceção. A mãe diz a menina de quinze anos que ela deve chegar à casa a tal hora porque ela tem prova de matemática no dia seguinte, se ela não chegar, a mãe vai ficar chateada. Aqui está a hipótese (chegar a casa na hora x), o preceito (sim) e a sanção pelo descumprimento (mágoa materna). E isso se repete em cada interação, em cada passo da existência humana (BOBBIO, 1994).

Agora pense que a mesma adolescente tem um namorado e um grupo de amigos. Enquanto a mãe dita um preceito positivo para a chegada a casa até a hora x, o namorado e os amigos assinalam esse hipótese com um preceito negativo, e tem como sanção a mágoa do amado e o abalo do prestígio frente aos amigos. A adolescente terá que escolher qual preceito atender e qual violar e qual sanção irá suportar. Enquanto a sanção é externa (mágoa da mãe ou do namorado, desprestígio frente ao grupo ou bronca da mãe) a escolha da norma a infringir não passa de um cálculo utilitário. O problema é que dificilmente a sanção é só externa, no mais das vezes o imperativo contido na norma é internalizado pelo individuo e a culpa pelo desatendimento do preceito pode resultar tão ou mais grave que a sanção imposta pelos outros membros do grupo.

Há, ainda, muitas questões por responder: Quem estabelece as normas? Como o seu cumprimento é verificado? Quem aplica a sanção?

Toda ação social é marcada pela reflexividade, isso quer dizer que agir em sociedade implica em um constante monitoramento das próprias ações e

116

das ações alheias. Há, também, a necessidade do monitoramento do ambiente social circundante. Com esse monitoramento o indivíduo "julga" como apropriadas ou inapropriadas as ações praticadas em função do ambiente percebido. Esse julgamento toma como base o comportamento imaginado como ideal e inscrito nas normas de conduta adequadas para a situação. Muitas vezes esse processo se dá no "automático", mas sempre que os envolvidos são instados a explicar seu comportamento o fazem de forma discursiva. O conteúdo das normas usadas como parâmetros para esses julgamentos é construído no curso das relações, é o conjunto de julgamentos feitos com base nas normas que irá definir o conteúdo dessas normas (GIDDENS, 2009). A situação é bem descrita nos "jogos de linguagem" onde uma palavra deve ser usada segundo seu significado e o significado é determinado pelo uso reiterado (WITTGENTEIN, 1994). A sanção, por outro lado, é aplicada pelo próprio grupo e pode variar de um olhar de reprovação a exclusão do grupo, implicando em uma verdadeira "morte social" do infrator frente ao grupo.

Cabe aqui um parênteses sobre a figura do infrator. Em alguma medida todos os agentes sociais são infratores de certas normas. Como já vimos a sociedade é composta de vários grupos que possuem regras próprias e essas regras são muitas vezes contraditórias pelo que agir de acordo com a regra de um grupo implica em violar a regra do outro. Essa dinâmica, embora pareça esquizofrênica, é essencial para a coesão e identidade dos grupos. Da mesma forma que um indivíduo tem sua subjetividade criada pelo confronto e percepção do outro os grupos se afirmam pela contradição de normas entre eles. O que justifica a diferença entre um grupo e outro são as distintas normas de conduta exigidas de seus membros. Como todos os indivíduos, necessariamente, pertencem a mais de um grupo, todos serão, inexoravelmente, infratores para algum dos grupos ao seguir as regras do outro. Essa infração deve ser pontuada pela imposição de sanções para que, com isso, se afirme a diferença e a identidade do grupo em questão. Quando essa sanção é radical acaba-se por criar um pária, o indivíduo que serve como paradigma do descumprimento das regras do grupo. Esses párias, por outro lado, são membros modelares de outros grupos onde suas eventuais transgressões serão relevadas. O infrator é necessário para justificar a existência da norma e para servir de paradigma limite entre "normalidade" e "anormalidade". A norma só se justifica na medida em que há possibilidade de seu descumprimento. Não há uma norma social que obrigue os seres humanos a comer, já que não há como descumpri-la. No entanto temos vários tabus alimentares e uma infinidade de regras sobre o comportamento no ato da alimentação. Para que essas normas sejam relevantes é essencial que alguém as descumpra e, com isso, seja excluído do grupo que as adota ou ao menos punido por esse grupo (por exemplo, o tabu judaico contra carne de porco, ou o hindu contra o consumo de produtos de origem animal). Por outro lado as normas raramente são estabelecidas em termos de "tudo ou nada", há vários graus de infração aos quais correspondem gradações distintas de sanção. O pária, o infrator modelo, serve como paradigma limite de descumprimento e como modelo de caso da aplicação da sanção em seu grau máximo (BECKER, 2008).

É importante frisar que mesmo composta por vários grupos diferentes e com normas próprias as sociedades possuem um conjunto de normas comuns que são a marca de sua identidade. O quadro pode ser imaginado como uma

118

relação de continente e conteúdo, onde vários grupos estão contidos dentro de um grupo maior que carrega elementos de identidade comuns. O Brasil é formado por vários grupos e cada indivíduo pertence a um número relativamente extenso de grupos e todos esses grupos estão ligados por uma identidade cultural/nacional que tem normas próprias e que forma o grupo Brasil. Mais uma vez o idioma é um bom exemplo. Em cada região, até mesmo em cada bairro ou classe social, o idioma toma contornos próprios, mas mesmo com todas essas peculiaridades pode ser identificado como português brasileiro. Esses traços comuns que dão a unidade ao grupo são chamados de "fundamentos comuns", neles se pode encontrar aspectos de uma visão de mundo compartilhada pelo grupo como um todo. A despeito disso deve-se notar que não há uma relação hierárquica clara entre as normas dos grupos e o fundamento comum. Ao contrário, o fundamento comum é comum na medida em que pode ser percebido no conjunto de normas de todos os grupos que compõe o todo social (DIJK, 2003).

O fundamento comum, como é normativo, não é fixo nem posto previamente, ele é construído de forma recursiva pelos membros dos grupos sociais em relação. Assim como as normas que regem o comportamento dos indivíduos são criadas e mantidas pelo seu uso em interação as normas contidas no fundamento comum são mantidas, criadas e alteradas por seu constante uso.

A mudança das normas de relação, sejam interpessoais entre grupos ou aquelas que compõem o fundamento comum, se dá muito lentamente na medida em que a própria mudança, para ser compreendida e produzir efeitos, deve seguir as normas de relação em todas as suas esferas. Essa permanência normativa pode ser identificada com uma "linha de longa duração[59]" que molda e garante a identidade dos indivíduos e dos grupos. A questão é se existe um fundamento comum pertencente a humanidade como um todo, dito de outro modo, existiriam normas comuns a todos os habitantes da terra, independentemente de sua linguagem ou formação histórico/cultural? Esse é o ponto central para a compreensão de vários fenômenos sociais e jurídicos modernos, especialmente no que tange aos chamados "direitos humanos fundamentais".

3.1.2 Ser e dever ser

Norma é um ato de vontade dirigida a conduta de outro (KELSEN, 1986). Como já visto a norma é composta de uma hipótese um preceito e uma sanção. Diz-se que a norma é um ato de vontade na medida em que aquele que estabelece a norma deseja que seus destinatários cumpram o preceito e que a sanção seja aplicada.[60] Norma é, portanto, um ato de vontade. Que se dirige a uma conduta ainda não praticada, ou seja, um *dever ser*.

Aquilo que deve ser ainda não é. E para aquilo que é não importa se deve ou não deve ser. Já é, e pronto. Por isso se afirma que um *dever ser* não pode ser deduzido de um ser e nem tão pouco um ser de um dever ser. As normas são modelos hipotéticos que, uma vez confrontados aos fatos incidem ou não sobre eles.

A afirmação de que as normas sociais são construídas, significadas e reforçadas a cada momento pela conduta recursiva e reflexiva dos agentes em relação não invalida essa separação entre vontade (dever ser) e fato (ser). Nem tão pouco implica na dedução de uma norma a partir dos fatos. O que se faz é transformar em linguagem discursiva as normas (*dever ser*) que já foram criadas e são aplicadas pelos próprios agentes sociais em sua interação. Essas normas são atos de vontade criados pelos agentes sociais que visam regular e julgar as condutas de si próprios e dos demais membros do grupo. São verdadeiros atos de vontade que se localizam no campo do *dever ser*.

A origem de toda confusão entre ser e dever ser reside na duplicidade de natureza da norma. A norma enquanto regra de conduta pertence ao mundo do ser. Uma norma posta é um fato. O conteúdo da norma (hipótese, preceito e sanção) projeta um *dever ser*. Assim a norma da boa educação ocidental diz que não se deve usar palitos nos dentes. A norma está no campo dos fatos (ser), mas o seu conteúdo é ditado pela vontade (dever ser). Essa natureza dúplice não implica em dedução do *dever ser* a partir do ser, mas sim em que a norma enquanto ato de vontade é um fato e como tal pertence ao mundo do ser.

3.1.3 Poder

Embora a normatividade seja constitutiva dos grupos e das individualidades os preceitos contidos nas diversas normas não são de cumprimento automático nem necessário. Se assim não fosse as normas seriam inúteis. Não há qualquer propósito em proibir o que ninguém quer fazer nem em obrigar o que todos desejam. A alteridade e a formação das individualidades pessoais e de grupos se fundam na imposição de limites.

Esses limites são percebidos quando da aplicação das sanções contidas nas normas. Como já vimos toda norma possui uma hipótese um preceito e uma sanção, essa sanção é uma consequência desagradável que deve ser suportada pelo infrator da norma. A efetividade na edição de normas passa,

121

então, pela capacidade de impor sanções, pelo poder. Detém o poder aquele que é capaz de impor sanções pelo descumprimento dos preceitos contidos nas normas que edita. Em um mesmo grupo social serão encontrados vários níveis de poder, ou várias gradações de capacidades de aplicações de sanções efetivas. Os pais podem cortar a mesada ou colocar os filhos de castigo; os empregadores podem demitir seus empregados; os amigos podem "ficar de mau" e assim por diante. Acontece que em toda sociedade há um grupo que é mais forte que os demais, esse grupo tem mais poder na medida em que possui a capacidade de infligir sanções mais efetivas. Esse poder é exercido pela força e a força é conseguida pela adesão da maioria dos membros do grupo, força essa que contribui para a adesão de mais membros ao grupo dominante, com isso há um verdadeiro círculo de interdependência entre adesão e força (BECKER, 2008).

3.1.4 Direito

A adesão dos indivíduos a um centro de poder é feita com base no binômio coerção/facilitação. O poder é capacidade de coação ao cumprimento de certas normas sob a pena de aplicação de uma sanção efetiva, mas essa coação depende da adesão de um número considerável de membros do grupo que serão a base de sustentação do poder. Essa adesão é obtida na medida em que há a percepção de algum tipo de facilitação como contrapartida à coerção. Essa facilitação vai desde vantagens diretas e pessoais até a garantia de que tal poder não será usado de forma arbitrária contra aquele que adere às normas. O direito se situa como forma de regramento (facilitação) do uso do poder (coerção) (GIDDENS, 2009)[61].

122

Definida a sociedade como um conjunto de normas e os indivíduos como seres condicionados e dependentes dessas normas, o próximo passo será situar o direito nesse quadro. Usualmente o direito é definido como um conjunto de normas heterônomas que regulam a conduta dos indivíduos em sociedade. Essa definição é redundante já que a sociedade como um todo é definida nos mesmos termos. Para a finalidade desse texto o direito é o conjunto de normas que regula o poder de aplicação de sanções por um grupo detentor de força efetiva para tanto.

Esse conjunto específico de normas funciona como fator facilitação da vida dos indivíduos que aderem ao centro de poder na medida em que serve como garantia de que o poder não será usado de forma arbitrária ou aleatória. De outro lado o direito fixa a possibilidade e as condições do uso desse poder de forma ativa em benefício do próprio indivíduo que adere a ele.

Com a formação dos Estados Nacionais europeus criou-se o hábito de identificar o direito unicamente como às normas postas pelo Estado. É fato que o direito é um dos recursos para a implementação e manutenção do Estado moderno, no entanto não é correta a afirmação de que só o Estado produz direito. Pela definição construída no parágrafo anterior sempre que houver um centro de poder com capacidade de imposição de sanções normativas de forma organizada e legitimada (aceita como legítima) por seus destinatários essa organização será "Direito". O Estado moderno tenta preservar o monopólio do uso legítimo da força e, portanto, o monopólio do direito, mas, na verdade, isso raramente acontece. Quando se verifica a incidência de duas ordens jurídicas distintas sobre uma mesma base territorial há o fenômeno chamado de "pluralismo jurídico" (SANTOS, 1989).

Como ambos os ordenamentos se pretendem legítimos e exclusivos a situação plural, cedo ou tarde, descamba para o conflito violento que cessa apenas com a absorção de um ordenamento pelo outro, criando-se uma forma híbrida que, na medida do possível, congrega os interesses em conflito (SCHELLING, 1980).

O direito, em todas as suas expressões, funciona como regulação do uso do poder (força de imposição de sanções e estabelecimento de normas).

A questão é: Essa regulação é arbitrária, de acordo, exclusivamente, com os interesses dos grupos de sustentação do poder ou há limites? Em caso positivo quais são esses limites? Esses limites (e, por via de consequência o próprio direito) possuem algum fundamento absoluto e transcendente? Se o fundamento é imanente, há algum fundamento comum a toda humanidade?

3.2 Os fundamentos essencialistas.

Muitas das posições doutrinárias e das decisões judicias buscam um fundamento absoluto. Os autores tentam justificar suas conclusões com base em uma essência última e única do direito. Essência essa que, por expressar o verdadeiro direito, seria suficiente para sustentar as conclusões afirmadas.

A tradição jurídica ocidental no que concerne justificativa do uso da força pela via do direito oscila entre o jusnaturalismo e o que se chamará aqui de positivismo exegético. Essas duas correntes filosóficas creem que o direito possui um fundamento único e que pode ser desvelado por seus estudiosos e aplicadores.

O positivismo exegético atua como uma forma híbrida entre o positivismo jurídico relativista defendido e sistematizado por Kelsen e a escola da exegese oriunda da doutrina que sucedeu ao Código de Napoleão. Em apertada síntese pode-se afirmar que os positivistas exegéticos localizam a essência na soberania do legislador e na compreensão do "verdadeiro" sentido dos textos legais (para o positivismo exegético direito se confunde com norma exarada do Estado) e na correta forma de interpretação desses textos.

Por outro lado, sob a rubrica de jusnaturalismo são agrupadas correntes com fundamentos totalmente distintos cujo único ponto em comum é o deslocamento do absoluto da soberania do legislador para outro lugar sempre transcendente ao homem e que só tem o seu sentido acessível aos iniciados. Nesses termos o positivismo exegético é uma teoria monista do direito ao afirmar sua fonte única (o direito posto pelo Estado) e o jusnaturalismo é uma teoria dualista já que vê duas ordens jurídicas coexistentes, ora paralelas ora em relação de subordinação (a ordem posta e a ordem natural) (KELSEN, 2001).

3.2.1- Direito natural.

Os adeptos das diversas correntes denominadas de jusnaturalismo têm em comum, além do deslocamento do absoluto, da vontade do soberano para outro lugar, a visão dualista do direito. Com essa visão se imagina que há um direito positivo (posto de forma arbitrária pelo legislador) e outro natural, que provém de: deus; da natureza das coisas; da natureza humana; da razão prática. Conforme a visão adotada o absoluto residirá em uma dessas instâncias. Como o absoluto é, por definição, universal e necessário, o direito positivado deve ser confrontado com essa ordem natural e será valorado segundo sua correspondência. Um bom direito positivo que deve ser acatado e obedecido

125

está de acordo com a ordem natural um mal direito positivo, que por isso deve ser revogado ou simplesmente não cumprido, está de acordo com a ordem natural (FERRAZ, 1980).

O fundamento do direito natural sempre oscilou entre a vontade dos deuses, natureza, a natureza das coisas e a razão prática. É preciso deixar claro que o pensamento jurídico normativo não caminha em um processo de evolução constante e contínuo que parte de um ponto "a" e chega ao ponto "d" passando pelos pontos "b" e "c". As várias correntes filosóficas que estudam e fundamentam o direito coexistiram e coexistem desde sempre. São encontrados positivistas na idade média e jusnaturalistas teológicos nos dias atuais. O que se verifica, ao longo do tempo, é a prevalência ora de uma corrente ora de outra. Por certo, com o tempo, também ocorreu o refinamento dos argumentos de todas as escolas.

Pode-se dividir os fundamentos do direito natural em dois grandes grupos, o primeiro compreende as teorias da razão (humana e divina) o segundo a natureza (das coisas e do homem).

O germe desse dualismo que existe entre o direito positivo e o direito natural é expressa na tragédia "Antígone" de Sófocles. No entanto não é possível afirmar que os antigos adotassem uma visão clara a respeito da dicotomia entre os dois fundamentos. A história gira em torno do dilema provocado pela ordem do rei Creonte (direito positivo) de manter insepulto o príncipe Polinice e a atitude da princesa Antígone (irmã de Polinice) de enterra-lo com todos os ritos. Por levar o sepultamento a cabo, Antígone é condenada à morte nos termos do direito posto pelo rei (positivo), mas, no ato de sua condenação, questiona a decisão real em confronto com a lei divina (direito Natural).

Esse confronto entre o direito posto pelo soberano e o direito posto por uma fonte superior e transcende cruza os séculos com as mais diversas roupagens e não necessariamente nomeado pela dupla direito natural x direito positivo. Na antiguidade o direito natural, de origem divina ou estribada na "natureza das coisas" gozava de um status paralelo ao direito posto pelos soberanos sem que houvesse entre eles qualquer hierarquia ou ordem de precedência. Isso se dava na medida em que havia a presunção de que o direito posto reproduzia, sempre, o direito natural. Na Ética à Nicômaco Aristóteles afirma: "De fato, a lei nos manda praticar todas as virtudes e nos proíbe de praticar qualquer vício e o que tende a produzir a virtude como um todo são aqueles atos prescritos pela lei visando a educação para o bem comum" (ARISTÓTELES, 2007).

Embora o confronto entre lei natural e lei positiva não exista, nem toda lei natural está positivada, dito de outra forma, a lei positiva não contraria a lei natural, mas não é totalmente idêntica a essa e não contém sua totalidade. Isso fica evidente em outra passagem da mesma obra: "A justiça política é em parte natural e em parte legal. A parte natural é aquela que tem a mesma força em todos os lugares e não existe por pensamento dos homens desse ou daquele modo" (ARISTÓTELES, 207).

Aqui já se percebe uma das principais características do direito natural, a pretensão a universalidade. Pretensão que é comum a todos os jusnaturalistas, até os dias de hoje.

O problema é que essa forma de ver o mundo (o direito positivo como reflexo das leis transcendentes) acaba por dotar de sacralidade o direito positivado, com isso as estruturas que servem de sustentação ao poder vigentes ficam protegidas por essa mesma sacralidade e as tentativas de modificação acabam por serem vistas como pecaminosas, irracionais, ou não naturais.

Na antiguidade a tentativa de ver as coisas de outro modo parte dos sofistas que pensam o direito e as instituições como criações totalmente humanas e que, por isso, podem ser questionadas e modificadas (PEREMAN, 1996). Por conta dessa ousadia os sofistas pagaram caro, até os dias de hoje a corrente filosófica por eles sustentada é associada a predicados negativos e o relativismo por eles defendido é visto nos meios filosóficos e jurídicos com ares de heresia.

O direito romano, com sua proverbial praticidade, via no direito natural uma limitação ao arbítrio do direito posto, mas ainda assim a dicotomia de duas cosmovisões distintas (direito natural x direito positivo) não existia claramente. Cicero é pródigo em passagens em que sustenta a pertinência de um direito natural, absoluto e metafísico vigente em paralelo ao direito civil:

> Existe uma lei verdadeira, razão reta e conforme a natureza, presente em todos, imutável, eterna; por seus mandamentos chama o homem ao bem e por suas interdições o desvia do mal [...]. Não é permitido invalidá-la por meio de outras leis, nem um só de seus preceitos; É impossível ab-rogá-la por inteiro. Nem o senado nem o povo podem liberar-nos dela, tão pouco é preciso buscar fora de nós

quem a aplique e interprete (PERELMAN, 2000, p.17).

É interessante notar que o par direito positivo/direito natural caminha sempre junto. Não há um sem o outro[62]. Não se encontra na sociedade ocidental nenhuma proposta ou defesa a constituição ou manutenção de um grupo baseada somente no direito natural. Toda doutrina jusnaturalista se esforça por justificar a validade e legitimidade de um determinado ordenamento de direito positivo. Por isso, o direito natural em suas várias acepções tem sempre um viés conservador.

Com a ascensão do cristianismo e a separação entre a religião e o Estado, o dualismo direito natural e direito positivo se acentua, passando a vigorar entre ambos uma escala hierárquica onde o direito natural está no ápice e o direito positivo deve, para ser válido, se conformar a ele. O direito natural, que emana diretamente de Deus, sendo, por isso, absoluto e imutável tal qual a natureza divina, tem precedência sobre o direito positivo que deve a ele se conformar. As normas positivadas quando contrárias ao direito natural divino não devem ser obedecidas já que o direito positivo que não está de acordo com a vontade de Deus não é válido.

Essa posição é defendida de forma expressa por Santo Agostinho: o direito natural é "lei eterna que, enquanto razão ou vontade de Deus, prescreve a conservação da ordem e proíbe sua perturbação", mais adiante pergunta "Quem senão Deus, inscreveu a lei natural no coração dos homens?" São Tomás de Aquino caminha no mesmo sentido ao afirmar que o mundo é regido pela providência divina e que essa razão divina representa a lei eterna e que as criaturas de Deus dotadas de razão participam dessa lei eterna (KELSEN, 2001).

A visão do direito natural como emanação da vontade de Deus é perfeitamente coerente. O direito é composto por normas de conduta, essa normas existem e prescrevem um *dever ser*. Esse *dever ser* é a expressão de um ato de vontade. No caso do jusnaturalismo teológico a vontade expressa nas normas é a vontade de Deus.

A primeira tentativa de separar o direito natural da vontade de deus é expressa por Grócio quando afirma que o direito natural existiria ainda que deus não existisse. Por isso Grócio é considerado como o precursor do direito natural moderno. Se o direito natural existe mesmo que deus não exista, então de onde ele provém? De onde parte a vontade que estabelece o conteúdo do *dever ser*? Da natureza das coisas (AHRENS, 1875).

Segundo essa vertente o direito deve ser extraído da própria natureza, assim como o por do sol ou o anoitecer o direito natural apenas é como é em virtude da natureza das coisas sempre que os homens, com seu direito positivo, engendram normas que violam a natureza das coisas elas não podem prevalecer contra o necessário e o universal. Essa corrente que pode ser chamada de empirista, busca extrair das regularidades dos acontecimentos naturais as normas de conduta dos homens em sociedades. O direito deverá ser descoberto, revelado, em termos de leis naturais e necessárias como as leis da física ou da evolução biológica.

Em outra vertente o direito natural vem da natureza humana, não mais da natureza das coisas. Como o homem é parte da natureza essa linha do

130

direito natural busca seu fundamento nos aspectos psíquicos e emocionais dos homens. Existira, em todos os seres humanos, um sentimento nato de justiça, esse sentimento como decorrência da natureza comum a toda espécie seria, também, universal e atemporal.

O direito racional busca o fundamento das normas de direito universais, absolutos, na razão humana também comum a toda espécie. Nessa vertente, os seres humanos são dotados de certos conhecimentos "a priori" que são comuns a todos e, sempre que se age de acordo com esses conhecimentos prévios e naturais. A ação é correta e de acordo com a natureza humana. O direito racional, que emerge com força nos séculos XVIII e XIX, pretende extrair da razão um sistema jurídico completo e acabado capaz de substituir totalmente o direito positivado. Montesquieu, nas primeiras páginas do Espírito das Leis, afirma:

> "A lei, em geral, é a razão humana, tanto assim que ela governa a todos os povos da terra; e as leis políticas e civis de cada nação não devem representar senão os casos particulares, nos quais é aplicada essa razão humana (MONTESQUIEU, s.d)."

Uma síntese da escola jusnaturalista em todos os seus fundamentos nos é dada por Ahrens:

> A filosofia do direito natural, ou o direito natural, é a ciência que expõe os princípios do direito ditados pela razão e fundados na natureza do homem,

considerado em si mesmo e em relação com a natureza das coisas (AHRENS, 1875, p. 1)[63].

3.2.2 O Positivismo exegético

O movimento das codificações, que se seguiu a revolução burguesa, não altera esse fundamento, ele é fruto de um processo de passagem da justificação transcendente para uma justificação imanente do direito, com isso o direito natural passa a ser considerado como uma filosofia do direito positivo a ele plenamente integrado e, até certo ponto, subordinado. O iluminismo apenas desloca o poder de fixação do fundamento do direito do aplicador (juiz) para o legislador. Até a revolução francesa cabia aos juízes decidir o qual era o direito aplicável ao caso em análise, segundo os revolucionários esse poder de definir e aplicar o direito consagrado a uma única autoridade lhe dava poder demasiado, daí a necessidade da tripartição dos poderes, quando o legislador fixa os limites do direito, segundo a natureza e o costume está fixando o direito natural. Hobbes afirma, claramente, que, o direito positivado é direito natural e é justo na medida em que está positivado. Nesse quadro cabe ao magistrado somente a aplicação do direito natural que já foi fixado pelo legislador. O legislador, por seu turno, não cria nada apenas trás a luz o direito que já é dado pela natureza ou pela razão (BOBBIO, 1995).

A escola da exegese reflete essa visão do direito. O direito legislado não pode ser contestado já que reflete a natureza absoluta das coisas e do homem, bem como é expressão de sua racionalidade. Esse posicionamento está na obra de vários autores iluministas, em especial Montesquieu e os

132

próprios textos legislativos e doutrinários então produzidos. O direito positivo e codificado representa a expressão natural e universal da razão humana, por isso só cabe ao aplicador o papel de boca da lei, devendo, apenas apreciar os fatos, uma vez que esses fatos tenham sido fixados a consequência jurídica se revela. É isso que pretende a chamada escola da exegese.

Há que se entender as condições políticas e sociais em que essa visão do direito surge e prospera. No antigo regime há uma pluralidade de sistemas jurídicos na França e o costume local tem a prevalência na aplicação do direito, Esse costume é fixado, em cada caso, pelos juízes, que agem de forma relativamente autônoma. Como esses juízes, em sua grande maioria, eram oriundos da pequena aristocracia, os costumes por eles fixados e aplicados tendiam, sempre, a manter as estruturas do antigo regime. Com a revolução e a adoção da separação dos poderes cria-se o dogma da onipotência do legislador e a submissão de todos a um direito visto como novo e racional que é elaborado sob a justificativa do direito natural e, por isso, se pretende universal. Um bom exemplo disso é a Declaração Universal dos Direitos do Homem, note os revolucionários não firmam uma declaração para seu próprio povo mas uma que se pretende universalmente válida por refletir a razão humana universal.

Existe um sem número de sutilezas que diferem uma corrente do direito natural da outra, e vários matizes que diferem os muitos níveis de apego a escola da exegese, mas o propósito do presente texto não é fazer um estudo detalhado das diversas correntes do direito, para isso seria necessário um aprofundamento bibliográfico em história do direito e em história da filosofia do direito. A proposta aqui não é essa.

133

3.2.3 Crítica ao direito natural

Todos os fundamentos jusnaturalistas têm em comum seu caráter transcendental e a pretensão à universalidade e ao absoluto. Muitas foram as críticas dirigidas ao direito natural, duas são as ordens principais de críticas: A) a impossibilidade de dedução do *dever ser* a partir do ser; B) a presunção de validade transcendente, absoluta e universal.

Há uma divisão clássica no estudo do pensamento ocidental entre os fatos e as normas. Os fatos pertencem ao mundo do ser e as normas ao mundo do *dever ser*. Uma norma é composta de uma hipótese, um preceito e uma sanção, essa sanção é a consequência para o descumprimento do preceito. Dessa definição pode-se extrair algumas conclusões: A) uma norma expressa uma vontade de que alguém se comporte de certa forma (contida no preceito); B) esse comportamento não é necessário nem impossível, caso o fosse não precisaria ser normado, vale lembrar o adágio segundo o qual o necessário não pode ser proibido e o impossível não pode ser ordenado. Dessa primeira aproximação pode-se concluir que se alguma coisa já é, ou seja, já é um fato, não faz sentido que deva ser, não há sentido ou utilidade em normatizar um fato consumado.

O direito natural em suas versões empirista (natureza das coisas) sensualista (natureza humana) e racionalista (razão prática) é fundado na dedução do dever ser normativo a partir do ser empírico, sensual ou racional.

Os empiristas tentam deduzir as normas jurídicas das regularidades fáticas do mundo, em termos de relação de causa e efeito, nos moldes das ciências naturais empíricas. Uma observação atenta da natureza deveria ser capaz de "revelar" as normas que válidas no mundo jurídico. Há aqui algumas contradições evidentes. A primeira é a confusão já descrita entre norma enquanto fato e norma como reguladora do dever ser, como expressão de uma vontade direcionada a conduta de outro. A segunda reside no próprio método. Se na natureza as relações humanas seguem a uma dada regularidade da qual se pode extrair uma norma as coisas já acontecerão nos termos dessas normas não há necessidade de se regular uma conduta necessária. É o mesmo absurdo que se impor uma sanção para o descumprimento da lei da gravidade. Como já visto uma norma que obrigue ao impossível, proíba o impossível, obrigue o necessário ou proíba o necessário é uma norma inútil. Se norma é um ato de vontade dirigida a conduta de outro só há como regular uma conduta de forma positiva ou negativa quando o destinatário da norma pode escolher entre seguir ou não o preceito por ela fixado.

A mesma crítica pode se aplicar aos sensualistas. A essa crítica soma outra, a da contradição da dita natureza humana. Até o mais comuns dos impulsos, o da autopreservação pode ser jurídica e moralmente indesejável em certas situações. Pense em um acidente em que um adulto para salvar a própria vida, expõe uma criança a um risco desnecessário, ou o policial, que para preservar sua própria vida expõe um inocente a um risco de vida. Não existe, na chamada natureza humana nenhum comportamento que seja livre de ambiguidades frente a determinadas circunstâncias. Os bons sentimentos naturais são sempre bons sob determinada ótica e maus sobre outra. O dilema aporético a que são submetidos os médicos da rede pública do Rio de Janeiro é um exemplo. Pense em uma situação, nem um pouco incomum, de um hospital onde não há leitos suficientes. Chegam no mesmo momento uma criança de cinco anos e um homem de setenta e cinco anos. Ambos dependem da internação para sobreviver. Só há um leito. Só é possível internar um. Qual é a decisão que condiz com o direito natural? Salvar a vida de qual dos dois irá satisfazer o sentimento de justiça do médico? Por mais que se procure não há resposta certa nem unânime.

Outro problema do fundamento sensualista e a sua condenação pelo sucesso. Se os sentimentos e pulsões dos seres humanos fossem únicos, uniformes, idênticos e determinantes para a motivação das condutas todos agiriam sempre da mesma forma, ou no mínimo de forma similar, o desvio dessa conduta padrão seria, então, decorrente de uma anomalia física ou psíquica. Não haveria a necessidade da criação de normas de conduta, mas sim de um protocolo de tratamento médico. O que conduz, de volta, a mesma inutilidade já verificada no caso do fundamento empirista.

Embora os problemas sejam outros, mais difíceis de notar uma vez que essa forma de pensar está tão enraizada no mundo ocidental que parece natural e inescapável, o fundamento do direito natural pela via da razão prática também não prospera. Essa corrente busca o fundamento do direito natural na razão humana, não mais em sua sensibilidade ou na natureza das coisas. A razão humana, segundo Kant, se divide entre razão pura e razão prática.

Com a razão pura o ser humano exerce a sua capacidade de conhecer, com a razão prática a de julgar. Ainda segundo o filósofo existem duas ordens de conhecimento, uma que independe de toda e qualquer experiência, e é chamado de conhecimento *a priori,* a outra ordem é o conhecimento que só pode existir por intermédio da experiência, chamado de *conhecimento a posteriori.* O conhecimento a priori independe de qualquer contato da mente com o mundo sensível, ele é dado prévio e nato a todo ser humano. Como os homens são, em essência, iguais e suas diferenças são forjadas, apenas, pelas experiências, os conhecimentos *a priori*, formadores da razão pura, são absolutos, universais e necessários (KANT, 1997).

A razão prática governa as escolhas. As escolhas são ditadas pela vontade que "julga" o que escolher. A vontade humana sempre tende para a felicidade e o prazer. Ocorre que tanto a felicidade quanto o prazer são ditados por elementos que externos a razão. Assim as escolhas e o juízo serão sempre atividades *a posteriori* que dependem da experiência. Com as experiências de cada ser humano são subjetivas não podem ser inscritas na ordem do absoluto, do universal e do necessário. Surge então a questão: A razão prática pode ser pura? Em outras palavras: Há uma lei universal, *a priori*, que governe as nossas escolhas? A resposta Kantiana é sim. A lei *a priori* da razão prática é a máxima universal segundo a qual o ser humano deve agir de forma que sua conduta possa servir de padrão para a futura conduta de todos os seres humanos. Agir com liberdade, ou a liberdade, é a submissão da vontade, e, portanto, do julgamento, exclusivamente, a essa lei universal. Livre é quem pauta suas escolhas (por isso julga) sem a influência da experiência externa, *a posteriori* só a escolha baseada na lei universal será verdadeiramente livre (KANT, 2005).

Uma vez que o direito positivo é conceituado como: "[...] o que é estabelecido como direito (*quid sit juris*), ou seja aquilo que as leis de um certo lugar e num certo tempo dizem ou disseram." (KANT, 2008, p. 76), cabe definir o que é o direito certo e o direito errado, o direito justo, por isso universal e nesse sentido natural, deve prevalecer sobre o direito positivo.

137

Tanto melhor será o direito posto quanto mais próximo estiver do direito justo e natural. Nas palavras do próprio Kant isso fica mais claro:

> Mas se o que essas leis prescreviam é também direito e qual o critério universal pelo qual se pudesse reconhecer o certo e o errado (iustum et iniustum), isto permaneceria oculto a ele, amenos que abandone esses princípios empíricos por enquanto e busque as fontes desses juízos exclusivamente na razão, visando estabelecer a base para qualquer produção possível de leis positivas (KANT, 2008, p. 76).

Assim para Kant, direito natural, baseado na razão prática, é aquele que permite a todos os que a ele são submetidos o exercício da plena liberdade, baseada na lei universal. O bom direito permite a todos que exerçam suas escolhas e seus julgamentos com base no critério absolutamente válido segundo o qual o único limite da ação é o fato de que ela deve servir de modelo, de paradigma universal, para todas as ações de todos os demais seres humanos. Mais uma vez vale a citação ao autor:

> Qualquer ação é justa se for capaz de coexistir com a liberdade de todos de acordo com um a lei universal, ou se na sua máxima liberdade de escolha de cada um puder coexistir com a liberdade de todos

de acordo com uma lei universal (KANT, 2008, p.76-77).

A diferença para Kant, entre a conduta moral e o direito, está na intencionalidade: no caso da moral a intenção de fazer com que a própria conduta sirva de parâmetro universal deve estar presente; já no caso do direto basta que a consequência da elaboração do direito positivo e da ação que se pratique de acordo com ele não sejam um obstáculo para o exercício da liberdade (no sentido Kantiano já exposto). O raciocínio de Kant, como não poderia deixar de ser, é de uma lógica impressionante, tanto é assim que o conceito Kantiano de direito natural formulado por uma razão prática universal é, até os dias de hoje, adotado pelos constitucionalistas em suas formulações concernentes aos princípios, aos direitos fundamentais e aos direitos humanos. Mesmo sendo extremamente sedutora e coerente com a educação ocidental a fundamentação do direito tal como elaborada por Kant possui sérios problemas lógicos e empíricos.

Um dos problemas está relacionado ao conceito de *"a priori"* e de seu suposto valor necessário, absoluto e universal. Toda filosofia kantiana se estrutura na suposição de que os seres humanos possuem uma razão pura e transcendental em comum. Essa razão pura seria a fonte da possibilidade de conhecimento (dos fenômenos e não da coisa em si) e, ao mesmo tempo, a fonte originária de todos os juízos. Como a razão deve ser comum a toda a humanidade, com a obtenção de raciocínios pela via da dedução a partir dessa razão, necessariamente, todos os homens chegariam às mesmas conclusões. As variações impostas pela experiência individual de cada um, chamada de

139

conhecimento *a posteriori,* só introduziria variáveis secundárias a essas conclusões.

Existe, no entanto, uma profunda diferença entre a atividade de querer e de conhecer. Na tradição ocidental o conhecimento é o ato de compreensão de um objeto previamente dado ao intelecto humano. O conhecimento difere da vontade na medida em que com a vontade se cria algo novo com o conhecimento se compreende coisas e situações pré-existentes. Posta essa diferença a única forma de se deduzir a vontade da razão é admitir que já existissem atos de vontade anteriores, absolutos e necessários que serviriam de premissa maior para os novos atos de vontade. O *"dever ser"* não "é", se não é foi criado, se foi criado o foi por uma vontade. Se tivesse surgido na natureza já seria e não precisaria mais *"dever ser".* A vontade dirigida a uma conduta é a fonte primária de qualquer norma. Os juízos são avaliações de enquadramento das condutas a esses atos de vontade. Se a conduta é de acordo com o preceito contido na norma é julgada de forma positiva se é contrária é julgada de forma negativa.

Como visto, Kant pressupõe que existe uma norma inicial da qual todas as demais serão deduzidas, criando, assim, um sistema de direito fundado na razão prática. O direito natural seria, nesses termos, aquele que decorre, por dedução, da "lei universal" da razão prática. Ora, se a norma é um ato de vontade dirigida a conduta humana, de quem é a vontade legisladora da lei universal? Se essa lei universal é nata, vem de "brinde" com todo ser humano, a vontade legisladora da lei universal deve ser remetida a Deus, ou a natureza das coisas. Com isso se tem um retorno ao início do problema. Se a vontade legisladora provém da natureza das coisas ela já é e não precisa *dever ser*, se provém de Deus, não adianta estabelecer qualquer tipo de discussão já que o conceito de Deus está para além da prova e da refutação.

A segunda questão é empírica. Se a razão e o conhecimento *a priori* são comuns a toda humanidade porque existem valores diferentes? Ora, se todos os seres humanos partem de uma mesma premissa maior e raciocinam com a mesma forma e estrutura, as conclusões obtidas deveriam ser muito parecidas, variando somente com relação a incidência fática ditada pela premissa menor do silogismo, essa sim obtida pela experiência individual, *a posteriori*, e variável. Mas não é isso o que acontece. Cada período histórico, cada sociedade, cada civilização desenvolve um sistema de valores peculiares e muitas vezes contraditórios entre si.

A essa afirmação sempre se opõe outra, de que há sim, valores comuns, como o valor a vida humana. Todas as civilizações conhecidas valorizam a vida humana, a integridade física. O que falta a quem faz essa afirmação é a compreensão do conceito de vida e de ser humano para cada um desses grupos sociais e das épocas históricas. O exemplo recente na sociedade brasileira da discussão sobre a realização de pesquisas com células tronco embrionárias é elucidativo[64]. Há outros exemplos ainda mais chocantes para nossa civilização. Em muitas culturas contemporâneas o conceito de ser humano não é compatível com o conceito ocidental. Muitas vezes o infiel não é considerado ser humano, o que tem outra cor de pele, o preso, o terrorista também não[65]. Assim o que parece ser comum a todas as sociedades na verdade não é. A teoria de um direito natural baseado na razão prática não supera nem evita as críticas e as inconsistências presentes e toda escola do direito natural.

Em suma, a escola do direito natural fundada na razão humana, na razão de Deus, na natureza das coisas ou na natureza humana, sofre, como um todo, de inconsistências lógicas e de ausência de provas empíricas. Logicamente a direito natural depende da vontade de Deus e empiricamente é fácil a percepção de que os sistemas jurídicos existentes no mundo conhecido pouco têm em comum. Talvez a marca comum de todas as vertentes que são abrigadas sob o rótulo de direito natural sejam seus defeitos e suas fragilidades.

O direito é formado por um conjunto de normas de conduta. Norma é uma expressão de um "dever ser", ou seja, é a expressão do desejo de que uma dada conduta seja dessa ou daquela forma. Essa conduta, objeto da norma, não é nem necessária nem impossível, há, portanto, possibilidade de se agir de acordo com a vontade expressa na norma ou contra ela. A natureza empiricamente observável não contém normas de conduta, mas fatos. Os fenômenos naturais (chuvas, furacões, terremotos e etc...) já são, não devem ser, eles não obedecem a nenhuma vontade normadora. Deslocar o problema para uma suposta razão natural não muda nada. Essa razão natural, absoluta, invariável e comum a todos os homens é anterior a vontade humana e a ela não se submete. Imaginar um dever proveniente da natureza é admitir que há, nessa natureza, uma vontade legisladora. Essa vontade legisladora "natural" de que certas condutas sejam (devam ser) de forma diferente daquilo que efetivamente são ou podem ser, só pode ser atribuída a alguma divindade. O direito é um conjunto de normas, norma é a expressão de um "dever ser", um "dever ser" é um ato de vontade, a vontade deve se originar em alguma forma consciente que a expressa, se não se origina no homem só pode se originar em

Deus. Nesses termos o direito natural é o caminho que conduz a doutrina e a jurisprudência de volta a idade média.

A adoção do direito natural como critério de fundamentação ou é uma completa incoerência ou inviabiliza a atividade jurídica e judicial. A mente humana só é capaz de compreender aquilo que por ela é criado. Mesmo a compreensão empírica do mundo só se dá pela via de um método e de uma linguagem, criadas pela mente humana. A suposta separação entre sujeito que observa e objeto que é observado, a neutralidade do sujeito, foi a muito abandonada pelas ciências empíricas. As respostas obtidas com experimentos estão condicionadas por esses mesmos experimentos. Há uma interação constante entre sujeito e objeto, um não existe sem o outro. Não existem objetos prévios a observação, é a observação e a nomeação que constitui os objetos de observação e de nomeação. Por isso se afirma que a mente humana só é capaz de conhecer aquilo que cria. Ora, dessa forma, ou Deus é criação da mente humana, portanto produto da vontade do homem, ou é totalmente incompreensível. Se Deus for considerado como criação da vontade humana um direito natural posto pela vontade Dele nada mais é do que a expressão da vontade, diversa e culturalmente condicionada, do homem. Ao contrário, se Deus não é produto do homem é incompreensível, logo Seus desígnios e Sua vontade são, igualmente incompreensíveis, portanto as decisões judiciais fundadas na vontade Dele, no direito natural, não são passíveis de qualquer fundamentação, são verdadeiros ordálios e aplicação das penas e sanções não passam de sacrifícios rituais.

A despeito disso tudo os estudiosos e aplicadores do direito ainda insistem em se valer do direito natural como forma de fundamentação, ainda que, em alguns casos, disfarçadamente. Esse fenômeno se acentuou após a segunda guerra mundial como uma forma de evitar a legitimidade de Estados de direito criminosos, tais como o Terceiro Riech. Mas há outras formas mais coerentes de se obter o mesmo resultado.

3.3 Os fundamentos relativistas

Enquanto uma parte dos juízes e doutrinadores fundamentam seus raciocínios na ordem do absoluto, outros tem como ponto de partida axiomas que são variáveis de acordo com o contexto, com as dimensões de espaço e tempo. Esse tipo de fundamentação pode ser divida em duas. De um lado o positivismo relativista que vê o direito positivo e sua aplicação como a expressão do contexto vigente e advoga sua aplicação sem considerações suprajurídicas e absolutas. Esse positivismo se diferencia do positivismo exegético na medida em que não alça o legislador a um grau absoluto. As normas não são pré-existentes mas sim construídas caso a caso quando da sua aplicação. De outro lado há o que se pode chamar de culturalismo que encara o direito como o conjunto da produção cotidiana das normas individuais e concretas, produção essa que deve se basear e ter como limite o fundamento comum (relativo) do grupo onde será aplicada.

3.3.1 O Positivismo relativista

O positivismo jurídico pode ser definido como a corrente filosófica e doutrinária que identifica direito com o direito posto, isto é, vigente em uma determinada base territorial em certo período de tempo.

144

Um dos maiores expoentes dessa corrente de pensamento é Hans Kelsen, que expõe seus pensamentos sobre o tema de forma clara e ordenada em sua obra Teoria Pura do Direito. Nesse texto, o primeiro esforço do autor é criar um objeto específico para a ciência do direito[66] que seja capaz de separá-la de outros ramos do conhecimento, como a sociologia a filosofia e a política. Nas palavras do autor:

> Quando designa a si própria como "pura" teoria do Direito, isto significa que ela se propõe a garantir um conhecimento apenas dirigido ao Direito e excluir de seu objeto tudo quanto não possa, rigorosamente, determinar como Direito. Isto quer dizer que ela pretende libertar a ciência jurídica de todos os elementos que lhe são estranhos. Esse é o seu princípio metodológico fundamental. (KELSEN, 1987).

Estabelecida a intenção de depurar o direito de tudo o que lhe é estranho o autor passa a tentar definir o que sobra. Em outras palavras, para poder separar o que interessa e o que não interessa a teoria do direito há que se definir quais são as características essenciais do direito. Para o autor o direito é definido como uma ordem coativa que regula a conduta humana, onde ordem significa um conjunto de normas de conduta dotadas de sanção cuja aplicação se dará de forma obrigatória, se necessário, com o uso da força (KELSEN, 1987). O problema é que essa definição se aplica a outros fenômenos. Um

145

grupo de ladrões (no exemplo do autor) ou o domínio de facções criminosas sobre parte da sociedade civil (exemplo cotidiano nas grandes cidades brasileiras) pode ser definido da mesma forma. Qual seria, então, o fator diferenciador entre uma ordem normativa criminosa e uma ordem normativa jurídica? Para o autor a diferença reside no fundamento de validade das normas dentro do sistema. E na diferença entre o sentido subjetivo e o sentido objetivo do *dever ser*.

Subjetivamente todo ato de vontade dirigida a conduta de outro é uma norma, portanto, um *dever ser*. Como já visto toda norma é dotada de sanção, então quando um ladrão ordena "me entregue seu dinheiro!", sob a mira de uma arma estamos frente a uma norma, essa norma deve ser obedecida sob pena (sanção) de se levar um tiro. A mesma percepção pode-se ter de uma lei tributária, o Estado diz "me entregue seu dinheiro!" sob as penas (sanções) mais diversas (expropriação forçada, impedimento de exercício de cargos públicos e, em alguns casos, até prisão). Qual é a diferença entre a norma posta pelo ladrão e pelo Estado (fora o fato de que a quantia exigida pelo ladrão é bem menor que a exigida pelo Estado)? Segundo o autor a diferença está no sentido objetivo do *dever ser*.

Em uma ordem jurídica as normas (expressões de um *dever ser*) são válidas e devem ser obedecidas na medida em que são produzidas com base em outras normas. Assim, o ato administrativo que determina o pagamento de um imposto é válido na medida em que obedece aos ditames de uma lei, a lei é válida porque foi produzida obedecendo aos parâmetros e as regras estabelecidas na constituição. E a constituição deve ser obedecida por retirar sua validade de uma norma hipotética fundamental (KELSEN, 1987).

É a norma hipotética fundamental que confere o caráter objetivo do *dever ser* da ordem jurídica que a difere de outros sistemas normativos. Isso se dá porque ela é produto de um sistema "globalmente eficaz", ou seja, porque aquela comunidade específica crê que deve obedecer, ou que são legítimas as normas postas por aqueles legisladores (KELSEN, 1987). Logo o caráter jurídico de um sistema normativo depende de seu nexo a um fundamento comum de validade, qual seja, a crença dos destinatários das normas de que elas devem ser obedecidas (eficácia global).

Uma teoria do direito assim estruturada deixa de fora a análise do conteúdo valorativo das normas que compõe o sistema jurídico na medida em que a uma norma para ser válida precisa, apenas, ser formulada com base em outra norma do mesmo sistema. A norma que serve como fundamento de outra deve, por sua vez, tirar seu fundamento de validade de outra e assim sucessivamente. Como não se pode regredir ao infinito o ponto final dessa cadeia de validade é a norma hipotética fundamental, que funciona como fechamento do sistema, essa norma nada mais é do que a expressão da eficácia global do sistema ou da crença de um determinado grupo de que as normas postas (positivadas) por certos agentes devem ser obedecidas. Esse tipo de sistema é unitário[67] e não comporta digressões sobre a justiça das normas nele inseridas. Isso fica mais claro nas palavras próprio autor:

> A verificação, por parte da ciência jurídica, de que uma ordem jurídica estabelece a paz na comunidade jurídica por ela constituída não implica em qualquer juízo de valor, que, assim sendo, não é de forma alguma elevado a categoria de um elemento do

conceito de Direito e, por isso, também não pode servir como critério para a distinção entre comunidade jurídica e bando de salteadores [...] (KELSEN, 1987, p. 52).

É nesse ponto que reside o relativismo da Teoria Pura do Direito. Como o conceito de justiça deixa de servir de critério para a validade das normas e dos ordenamentos jurídicos, qualquer norma pode ser jurídica e qualquer ordenamento pode ser válido desde que seja um sistema normativo, dotado de coação e globalmente eficaz.

Por força desse relativismo, Kelsen e o positivismo jurídico sofreram várias críticas após a segunda guerra mundial sob o fundamento de que sua teoria teria permitido ou ao menos contribuído para as práticas consideradas criminosas, mas legais do estado Nazista. A crítica mais conhecida é aquela atribuída a Radbruch (2006), que contribui para trazer a tona um conjunto de posições de matiz jusnaturalista que se agrupam sob a denominação de "não positivistas". Essa mudança de nomenclatura se deve, por certo, a uma tentativa de dissociar as posições assim agrupadas do estigma do direito natural. Ocorre que os fatores que separam o positivismo do não positivismo continuam sendo os mesmos que separavam o positivismo do direito natural, desta forma é lícito afirmar que as correntes denominadas não positivistas são produto de um jusnaturalismo reciclado, mas com seus mesmos defeitos e matizes.

3.3.2 O não positivismo e a fórmula de Radbruch.

Ao final da segunda guerra mundial surgiu o problema de como julgar e condenar aqueles que teriam perpetrado crimes contra a humanidade, mas que, a rigor, agiram de acordo com o ordenamento jurídico da Alemanha Nacional Socialista.

Milhares de pessoas foram julgadas condenadas a morte, a expatriação, a expropriação de todos os seus bens com base em um ordenamento jurídico formalmente válido e globalmente eficaz, assim sob a ótica do positivismo jurídico essas condenações, execuções, expatriações e expropriações se deram de forma válida e regular não se podendo acusar de qualquer crime os envolvidos em tais atos. Como então submeter essas pessoas a julgamento sem desprezar os valores de segurança, liberdade e democracia em que se fundava o discurso dos vencedores da guerra?

A solução foi dada pelo jurista alemão Gustav Radbruch em duas obras, ambas escritas logo após o final do conflito. A primeira com o título "Cinco Minutos de Filosofia do Direito" foi editada em 1945 onde expõe suas ideias para a solução de dois problemas. O primeiro era justificar a existência do ordenamento nacional socialista e o segunda era negar-lhe validade. No primeiro minuto o autor afirma:

> "Uma ordem é uma ordem", é o que se diz ao soldado. "A lei é uma lei", diz o jurista Ao soldado, no entanto, não é necessário nem por obrigação nem por lei obedecer a uma ordem cujo objeto que ele sabe ser um crime ou contravenção, enquanto o jurista − desde que o último dos jusnaturalistas

149

morreu há cem anos – não reconhece essas exceções a validade de uma lei ou à exigência de obediência ela. A lei é válida porque é uma lei, e é uma lei, na maioria dos casos, deve prevalecer. Este ponto de vista da lei e da sua validade (chamamos-lhe a teoria positivista) deixou os juristas e o povo igualmente indefesos contra leis arbitrárias, cruéis ou criminosas. No final, a teoria positivista equivale direito com o poder, não há lei apenas poder.[68]

Mais adiante, no final do quarto minuto, o jurista elabora o que será o cerne da chamada fórmula de Radbruch:

Uma coisa deve ficar clara tanto para o povo quanto para os juristas: Podem existir leis que por serem extremamente injustas ou socialmente danosas a sua validade, ou sua natureza de lei em si, devem ser negadas.[69]

Em outra obra, de 1946, intitulada "Direito ilegal e Direito Supra-legal"[70], o autor detalha seu ponto de vista e pontua sua teoria com exemplos de julgamentos ocorridos após o fim da guerra onde a fórmula foi aplicada. Em apertada síntese a fórmula de Radbruch pode ser descrita da seguinte maneira:

"As normas promulgadas conforme o ordenamento e socialmente eficazes perdem seu caráter jurídico, ou sua validade jurídica, quando são extremamente injustas. Ou de forma mais breve: A extrema injustiça não é direito." (ALEXY, 2001, p. 76)[71]

Essa fórmula foi usada em mais de uma ocasião pelos tribunais alemães, em especial no final da segunda guerra e quando da reunificação da Alemanha com a queda do muro de Berlin.

Aplicando a fórmula as cortes germânicas condenaram pessoas que haviam praticado atos legais dentro dos parâmetros da legislação então vigente,[72] considerando que a legislação que servia de amparo para os atos julgados ilícitos não se configurava como direito, não possuía validade, frente a sua extrema injustiça.

Para o positivismo fundado na Teoria Pura do Direito essa decisão é impensável na medida em que a validade do direito não está condicionada a nada que lhe seja externo, e o conceito de justiça é, para todos os efeitos, externo ao direito não pendo servir como critério de validade das normas que compõe um dado ordenamento. Kelsen reage às críticas não positivistas no texto Justiça e Direito Natural, onde afirma:

> Não deve-se negar que existe o problema da justiça absoluta no sentido de que os homens têm e provavelmente sempre terão a necessidade de justificar a sua conduta como absolutamente boa, absolutamente justa; e também não se recusará que o positivismo jurídico relativista não pode fornecer uma tal solução. [...] A tarefa do conhecimento

151

científico não consiste apenas em responder às perguntas que dirigimos mas também em ensinar-nos quais as perguntas lhe poderemos dirigir com sentido. (KELSEN, 2001, p. 149).

Mais adiante, na mesma obra, o autor aborda o cerne da disputa ao afirmar que:

> Deixados em apuros pelo relativismo sentem-se todos aqueles que não querem tomar sobre si esta responsabilidade, que desejam alijar a escolha pondo-a a cargo de Deus, da natureza ou da razão. Em vão se voltam para o direito natural. Na verdade, quando se trata de efetuar tal escolha ou opção, as diferentes doutrinas dão respostas tão diferentes e variadas e divergentes como o positivismo relativista. (KELSEN, 2001p. 150).

Para o positivismo Kelseniano os critérios valorativos são relativos a cada sociedade e cada época e só podem ser levados em conta para um ordenamento específico quando positivados por aquele ordenamento.

3.3.3 – Positivistas x não positivistas

A diferença fundamental entre os positivistas e os não positivistas está no fundamento de validade do direito. Para os não positivistas o fundamento

152

último de validade de um ordenamento é externo a ele, em outras palavras, um conjunto dado de normas globalmente eficazes só será reconhecido como direito se atender a outros ditames de validade. Esse fundamento possui matizes variados: a) vontade de Deus; b) natureza; c) natureza humana; d) razão universal; e) justiça; f) direitos humanos e; g) moral. Desses fundamentos o único que pode ser visto de forma relativa (embora em geral não o seja) é a moral, todos os demais pertencem a ordem do absoluto, necessário e universal. Já o positivismo encara o fundamento de validade do direito apenas como uma questão contingente (que deve ser avaliada apenas com base em um determinado ordenamento sob uma base territorial e uma dada dimensão de tempo) e relativo. A juridicidade, para o positivismo, está ligada a eficácia global e a dimensão objetiva do *dever ser*.

3.4 Fundamento e justificação

O objetivo do presente trabalho é estabelecer se existem critérios que possam ser usados para, dentre as diversas decisões e doutrinas contraditórias sobre um mesmo tema jurídico, se julgar uma decisão ou doutrina mas correta e apropriada do que outra que lhe seja contrária ou contraditória, e, se tais critérios existem, quais são eles. Para esse propósito foi estabelecido que o conhecimento é uma asserção justificada feita por um sujeito sobre uma proposição. Ficou estabelecido, também, por força do Trilema de Agripa, que toda justificação acabará por se deparar com um fundamento dogmático, que não pode e não será mais explicitado no âmbito daquela justificação. Uma vez estabelecido o fundamento dogmático é que se ingressará no âmbito da justificação propriamente dita. Assim o conhecimento será separado do palpite pela qualidade de seus fundamentos dogmáticos e pela coerência de seu processo de justificação. No capítulo dois foram expostas as regras de inferência, no capítulo que agora chega ao fim foram expostos os fundamentos mais comumente usados nas justificações das decisões (ainda que não explicitamente), em seguida serão explicitados os termos usados nas premissas dos raciocínios jurídicos e suas regras específicas de inferência.

Capítulo IV
Explicitação dos termos ou Dogmática jurídica

4.1- Contexto da descoberta x contexto da justificação

A forma encontrada pela teoria do conhecimento para contornar o problema da indução foi a divisão da epistemologia em dois contextos: o da descoberta e o da justificação. Segundo essa visão o conhecimento se desenvolve pela comprovação, pela via da dedução, de hipóteses criadas de forma arbitrária. Assim, a verdade de um enunciado empírico (ainda que relativa) não derivaria da generalização de um número indeterminado de casos particulares, mas sim da subsunção lógica de um enunciado geral a um fato particular negativo. A pedra de toque seria, então, o falseamento e não a comprovação. Uma teoria verdadeira decorreria da resistência demonstrada por suas hipóteses à provas empíricas e a análises lógicas. Nesse sentido a afirmação de que todo homem é mortal não se justifica pela indução mas sim pela ausência de prova em contrário (POPPER, 1994).

Segundo essa linha de pensamento os processos que levam a descoberta (fixação da hipótese) não são de interesse da teoria do conhecimento já que não seria possível conhecer e analisar todos os fatores que conduziram um dado indivíduo a formular determinada hipótese ao invés de outra. O chamado contexto da descoberta não seria verdadeiro

155

conhecimento. Para que uma hipótese seja considerada como conhecimento é preciso submetê-la a prova, tanto lógica como empírica. As provas devem seguir a um método comum e compreensível. Esse é o método científico pelo qual as hipóteses criadas arbitrariamente (ou não, mas isso para a essa epistemologia não interessa) podem ser justificadas. Uma vez justificadas as asserções passam a gozar, ainda que provisoriamente, do status de conhecimento, as asserções que não se mostrarem passíveis de justificação devem ser descartadas, excluídas da esfera do conhecimento.

O procedimento se divide em duas etapas: a) fixação da hipótese e a formulação de uma asserção; b) justificação dessa asserção. A teoria do conhecimento não deve se ocupar dos mecanismos envolvidos na formulação das proposições e das asserções, contexto da descoberta, mas única e tão somente de sua pertinência frente a um dado método, ou seja, de sua justificação[73].

Só haverá conhecimento verdadeiro (asserção justificada de um sujeito sobre uma proposição) se esses dois contextos forem separados na medida em que a formulação de hipótese envolve fatores desconhecidos e incomunicáveis não passíveis de prova, seja lógica ou empírica. Por seu turno a justificação deve ser demonstrável e comunicável pela via das provas. A crença, por mais fervorosa que seja, na veracidade de uma proposição não será conhecimento se não for acompanhada de uma demonstração lógica e empírica de sua pertinência. Essa é, em última análise, a linha de corte que há entre o conhecimento e a tolice.

A aplicação dessa teoria ao campo das decisões judiciais é evidente. Tudo o que foi afirmado sobre o contexto da descoberta se estende ao contexto da decisão judicial. Os fatores que levam o julgador a decidir dessa ou daquela forma são imponderáveis, subjetivos incomunicáveis e por isso, irrelevantes. O importante é saber se a proposição e a asserção feita sobre ela resistem a prova lógica pela via da justificação.

Formulada uma primeira decisão que o julgador deve submetê-la à prova lógica para aferir sua sustentabilidade. Se ela se mostrar insustentável (falsa ou com baixa probabilidade indutiva em termos lógicos) deve ser de imediato abandonada por mais que as convicções pessoais daquele que decide apontem em outra direção. Se a decisão se mostrar correta (verdadeira ou com alta probabilidade indutiva em termos lógicos) os passos e o método adotados para a sua verificação lógica devem ser exaustivamente explicitados para que os demais membros da sociedade possam avaliar a qualidade e a pertinência da decisão, tal qual ocorre nas descobertas científicas[74], tanto para promover sua modificação ou refutação quanto para submetê-la a uma análise de qualidade com vistas a melhora das decisões futuras.

Como já visto no capitulo 1 a justificação de uma asserção sobre uma proposição deve se dar pela via das inferências lógicas. Uma vez estabelecidos os fundamentos de um raciocínio (axiomas) a passagem de uma asserção para outra será corretamente justificada se todos os passos lógicos forem explicitados, verificados e considerados corretos.

Na esfera do Direito, como já visto no capítulo dois, são usadas tanto inferências indutivas quanto dedutivas. A conclusão de uma decisão toma a forma de uma inferência analógica, composta por uma premissa maior obtida pela via da dedução, uma premissa menor obtida com o uso da IME:

157

Toda prova lógica deve explicitar seus axiomas, suas regras de inferência e o significado dos termos usados nas premissas. No Direito ainda há critérios específicos que devem ser usados na construção das IME, adotadas na premissa menor dos julgados.

4.2 Construção da premissa menor – enunciados de fato

Os enunciados de fato que irão compor a construção da premissa menor da decisão judicial sempre devem ser retirados dos autos[75]. Essa afirmação, que pode parecer tola por ser óbvia, é fundamental já que todo o contexto da justificação deve estar presente nos autos, já o contexto da descoberta e da decisão terá dentro de si, quase sempre, elementos externos tais como as preferencias pessoais e as crenças daquele que decide.

Mas nem todos os enunciados de fato serão considerados para a prolação da decisão. Só serão levados em conta àqueles que que com ela possuam atinência.

Em uma disputa judicial são trazidos aos autos uma miríade de enunciados de fatos que serão determinantes para prolação da decisão. Dentre esse mar de alegações há que se escolher quais devem ser considerados como mais prováveis dentro dos autos[76].

No Direito, em especial nos processos judiciais, os enunciados de fato são divididos em quatro categorias: constitutivos; extintivos; modificativos e impeditivos sempre tendo como referência o pedido formulado pelo solicitante da decisão judicial.

Uma vez isolados os fatos narrados que são pertinentes a decisão o próximo passo e incluí-los dentro de uma dessas quatro categorias.

Feito isso, deve-se, por fim, verificar a validade lógica e processual de cada um dos fatos. Nesse ponto os enunciados de fato funcionam como hipóteses que devem ser submetidas à prova, por via da IME. Essa prova deverá seguir um método específico do Direito em que devem ser respondidas três questões: o que deve ser provado (objeto da prova); quem deve se desincumbir da prova (ônus da prova); e como essa prova deve ser produzida (meios de prova).

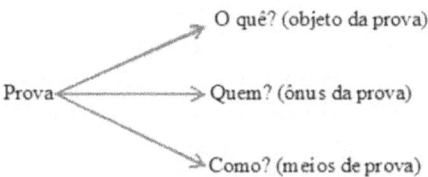

O objeto da prova é fixado segundo dois critérios: 1) disponibilidade do direito referido; 2) impugnação específica. Sempre que o enunciado de fato puder ser enquadrado como hipótese de um enunciado normativo produtor de um direito indisponível tais como: vida, capacidade, integridade física, liberdade, direitos da personalidade, esse enunciado será objeto de prova, independentemente da existência ou não de impugnação específica. Ao contrário, quando os enunciados de fato não forem correspondentes a hipóteses contidas em enunciados normativos produtores de direitos indisponíveis, só se constituirá em objeto de prova em caso de impugnação específica pela parte contrária (questões). Os enunciados de fato devem ser formulados pelos demandantes de forma clara e pontual, por isso são denominados de pontos de fato. Quando esses pontos não são objeto de impugnação específica passam a ser denominados de pontos incontroversos

159

que não serão objeto de prova. Quanto impugnados de forma específica se convertem em questões de fato que serão objeto de prova. O sistema das presunções funciona como um "atalho" presumindo como já provadas de antemão determinadas questões. As presunções se dividem em duas categorias: absolutas (*iure et iure*) e; relativas (*juris tantun*). As presunções absolutas não são objeto de prova, as relativas podem sê-lo somente se forem tornadas questões (objeto de impugnação específica) e ainda há uma modificação em seu ônus. Assim o objeto de prova em um processo pode ser sistematizado da seguinte forma (SILVA, 1998):

O segundo ponto a considerar na construção da premissa menor e o ônus da prova. Estabelecido o objeto da prova resta saber quem deve produzi-la. Cabe esclarecer que não há um dever de produzir prova, mas apenas um ônus. O ônus se distingue do dever na medida em que a faculdade se diferencia do direito. Aquele que não cumpre com o seu dever viola o direito de alguém. Por outro lado, quem não exerce uma faculdade suporta um ônus, em, outras palavras, aquele que não exerce a faculdade de produzir determinada prova suporta o ônus de ter como inválido (lógica e processualmente) o enunciado de fato que lhe cabia provar (MARINONI, 2009).

A primeira distribuição do ônus da prova se dá entre os postulantes e aquele que irá proferir a decisão. Há dois sistemas que, geralmente, convivem dentro dos modernos ordenamentos jurídicos com ênfase em um ou outro dependendo da conjuntura política e dos valores vigentes na época, são o sistema do dispositivo, onde os interessados na decisão dispõem sobre as provas que desejam produzir e sobre a distribuição de seu ônus[77], e o sistema inquisitivo, onde cabe ao julgador a busca e a produção de provas. No direito brasileiro esses sistemas sempre aparecem de forma conjunta com ênfase em um ou noutro (SILVA, 1998).

No âmbito do sistema dispositivo a prova é distribuída segundo o objeto e a formulação dos enunciados. A regra geral é que a prova cabe a quem alega. Assim, os enunciados de fatos constitutivos quando tornados questões ou quando produtores de direitos indisponíveis devem ser provados pelo requerente. Os enunciados de fato extintivos, impeditivos ou modificativos devem ser provados pelo contestante sempre que impugnados de forma específica pelo requerente, isso porque ao opor ao fato constitutivo um outro se dá, implicitamente, sua confirmação, por isso não há mais para o requerente o ônus de provar seus pontos de fato já que eles não foram constituídos em questões.

Existem duas situações em que a regra geral segundo a qual "a quem alega cabe o ônus da prova" são se aplicam: 1) a existência de presunção relativa em favor da alegação; 2) inversão tópica do ônus da prova.

No caso das presunções relativas o enunciado de fato por ela alegado já se encontra presumivelmente provado assim resta a outra parte opor-lhe um fato modificativo, extintivo ou impeditivo, ou ainda, apresentar uma prova negativa demonstrando a impropriedade da aplicação da presunção naquela hipótese específica.

A inversão do ônus da prova será aplicada topicamente pelo julgar em casos específicos, essas hipóteses passam, então, a funcionar como presunções relativas que não são previamente determinadas[78].

Em síntese o ônus da prova será distribuído da seguinte forma:

Antes de examinar as formas de apreciação da prova para a constituição do enunciado que de fato ocupará a premissa menor do silogismo decisório, há que se examinar os meios usados para sua produção. No direito brasileiro são admitidos todos os meios de provas lícitos e além deles aqueles que forem considerados como moralmente legítimos. A questão da licitude é razoavelmente simples. Por um princípio de exclusão e fechamento do sistema todas as condutas que não sejam proibidas ou obrigatórias são, por exclusão, permitidas, portanto lícitas. Não há necessidade de previsão legal expressa para a utilização deste ou daquele meio de prova, basta que não haja vedação para o uso. O limite esta na ilicitude e na imoralidade dos meios utilizados para a obtenção das provas. Esse é um campo vasto e complexo que constitui um verdadeiro subsistema dentro do tópico das provas judiciais cuja análise não é pertinente para as dimensões deste trabalho.

A valoração das provas não segue, no Direito brasileiro, uma regra fixa e uniforme, em alguns casos a avaliação é "tarifada" isso ocorre onde um dado meio de prova tem prevalência sobre os demais. Na maior parte dos casos a valoração segue o que se chama de convencimento racional que nada mais é do que a apreciação da prova mediante uma justificativa expressa e racional. Há aqui uma regressão lógica para outro nível, mas que deve usar os mesmos métodos. A produção e apreciação das provas serve como justificação racional para a construção da premissa menor contida na analogia que expressa a decisão, por sua vez a valoração de tais provas deve, também, ser justificada racionalmente não sendo legítimo o recurso a percepções meramente subjetivas que estão, por sua natureza, para além do contexto da justificação.

Assim a construção da premissa menor (enunciado de fato) do silogismo decisório será construída percorrendo os seguintes passos:

A) Fixação do tema a ser decidido;

B) Fixação dos pontos alegados como sustentação desse tema;

C) Estabelecimento do objeto de prova;

D) Distribuição do ônus da prova;

E) Produção da prova;

F) Valoração justificada da prova produzida (é aqui que a IME irá atuar de forma mais marcante).

Com o uso da IME uma vez estabelecida a ocorrência de um fato (E), pela produção judicial das provas se criará um conjunto de hipótese (P), dentro desse conjunto o julgador irá, utilizando as fórmulas de Mill, estabelecer qual das hipóteses (H) é a melhor explicação para o fato (E).

É claro que em alguns casos um ou mais desses passos serão evitados, basta que não haja controvérsia sobre os pontos de fato e que os enunciados que conduzam apenas a direitos disponíveis. Ainda assim a supressão de qualquer dessas etapas deve ser explicitada para que a decisão possa se considerar corretamente justificada.

3.3 Construção da premissa maior – enunciados normativos

A premissa maior do silogismo analógico decisório somente poderá ser construída após a fixação da premissa menor. Não se pode perder de vista que o foco desse trabalho é o denominado contexto da justificação. O responsável por proferir a decisão já criou uma hipótese e deve seguir esses passos para formular uma justificação racional passível de verificação lógica que, em última análise, irá definir se a decisão tomada previamente é ou não sustentável. Não é exagero ressaltar que o contexto da decisão (os mecanismos que conduzem a essa ou aquela decisão) não são objeto do presente estudo. Assim o processo de formulação da premissa menor (fixação do enunciado de fato) e a consequente formulação da premissa maior (fixação do enunciado de direito) estão intimamente ligados entre si e condicionados pela hipótese (decisão) que se pretende justificar.

O direito regula relações interpessoais. Todo direito é relacional. É certo que parte da doutrina invoca contra essa posição o conceito de situação jurídica (ASCENÇÃO, 1991). As situações jurídicas seriam institutos tais como a capacidade, a personalidade a nacionalidade que independeriam de

164

quaisquer relações. Essa teoria parece esquecer que tais conceitos não são natos e que só fazem sentido quando os seres humanos estão em relação. Parece que nesse ponto há uma grande confusão entre direitos relativos e direitos absolutos[79]. As chamadas situações jurídicas em nada se distinguem de direitos absolutos indisponíveis[80]. O problema reside no fato da propriedade ser o paradigma dos direitos absolutos, por conta disso há uma resistência em usar o conceito para a definição dos direitos da personalidade acreditando que isso conduziria a patrimonialização desses direitos. Isso, no entanto, é irrelevante, para todos os propósitos práticos todo é qualquer direito é relacional.

Em um processo judicial, onde será proferida a decisão a ser justificada, há duas classes de relações: a) relação jurídica processual (RJP); b) relação jurídica material (RJM). Essas relações jurídicas são independentes uma da outra e cada uma tem seus elementos e pressupostos próprios, o que elas tem em comum é o fato de serem relações jurídicas. Relação jurídica é a relação social, interpessoal, regulada pelo direito (CASTELO, 1993).

Os elementos constitutivos das relações jurídicas (constantes) são divididos em três: existência; validade e vigência. Cada um desses termos é subdivido, por sua vez, em outros elementos (variáveis).

O campo da existência se divide em: sujeito; objeto e forma.

O campo da validade se divide em: capacidade/competência; licitude e possibilidade, obrigatoriedade e proibição.

O campo da vigência se divide em: espaço e tempo.

A relação jurídica processual (RJP) é estabelecida com o pedido do interessado para que seja proferida uma decisão sobre dado tema. O tema sobre o qual se pretende uma decisão é, em regra uma relação jurídica de direito material (RJM). O pedido de decisão judicial é composto por dois pedidos, um sobre relação jurídica processual (RJP), que é pressuposto para o outro, a decisão sobre a relação jurídica material (RJM) (CASTELO, 1998).

Essas relações, embora devam ser analisadas em conjunto, são totalmente independentes disso decorrem duas consequências:

A) O direito de ação processual (direito de solicitar uma decisão) é independente da existência ou pertinência do direito material posto para decisão;

B) A extinção de uma dessas relações não implica a extinção da outra.

Ao analisar a pertinência da relação jurídica processual (RJP) aquele que decidirá deve levar em conta cada uma das variáveis já descritas, seguindo sua ordem lógica. No direito brasileiro essas variáveis são dividias em duas classes denominadas de pressupostos processuais e condições da ação. Os pressupostos processuais concentram dois dos três campos de análise descritos, existência e validade (artigo 267, IV do CPC).

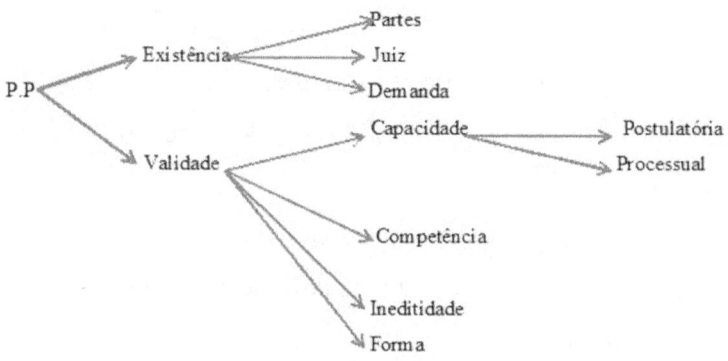

As partes e o juiz (órgão investido de jurisdição) são os sujeitos da relação jurídica processual; a demanda, isto é pedido de decisão com uma dada forma, concentra o objeto e a forma. As capacidades, postulatória e processual são atributos das partes e a competência atributo do órgão jurisdicional. No direito brasileiro a competência processual das partes é considerada em outro instituto, nas condições da ação[81]. A demanda deve ser inédita, ou seja, não pode ter sido objeto de outra decisão prévia e tem que obedecer a requisitos de forma previstos na lei processual.

Além dos pressupostos processuais o direito brasileiro consagra a necessidade do preenchimento das condições da ação. A criação dessa classe pelo direito processual é inútil já que o direito de ação processual é público e incondicionado. Além disso, induz a confusão já que essas ditas condições não passam de elementos de validade da relação jurídica processual. As ditas condições da ação são: legitimidade e interesse[82] (artigo 267, VI do CPC).

A legitimidade pode ser definida como a pertinência subjetiva da demanda, isso é, a parte que solicita a decisão deve ser aquela a que se refere o relato da história narrada no pedido de decisão. O interesse equivale a necessidade, utilidade e a adequação (N.U.A), não se pode demandar o judiciário sem um propósito claro e com uma utilidade definida. Nisso o conceito processual de interesse é em tudo equivalente ao conceito de interesse adotado pela teoria geral do direito.

O primeiro passo para a justificação da decisão (hipótese) será a construção da premisse menor, em seguida deve-se construir a premissa maior. A construção da premissa maior deve seguir uma ordem lógica com a justificação inicial da pertinência ou não da relação jurídica processual. Essa primeira justificação quando é bem sucedida passa a integrar a decisão de forma, geralmente, implícita. A construção da justificação da premissa maior atinente a admissão ou não da RJP deve seguir as seguintes etapas:

A) Verificação dos pressupostos de existência;

B) Verificação dos pressupostos de validade;

C) Verificação das condições da ação.

Se a hipótese inicialmente formulada "sobreviver" a essa primeira prova há que se passar a construção da premissa maior da justificação da RJM. Como já visto a premissa maior do silogismo analógico é decisiva, já que as deduções a ela atribuídas serão estendidas para a premissa menor.

Embora as normas de um sistema se modifiquem de forma mais ou menos lenta, há institutos que são, virtualmente, invariáveis, e que podem servir de guia para um futuro enquadramento. São estruturas fundamentais que, combinadas das mais variadas formas irão formar os diversos institutos

168

jurídicos. Esses institutos são as classes onde a premissa menor deve ser enquadrada. A classificação jurídica se dá na forma de continente e conteúdo, uma classificação genérica se subdivide até chegar ao ponto de maior complexidade e especificidade, na forma de inferências indutivas.

Como essas classes são constantes, uma vez estabelecido o enquadramento da premissa menor basta que se busque a norma ou o conjunto de normas atinentes a dita classe. Por isso, a forma de justificação aqui proposta é imune a modificações legislativas periféricas.

Para que se possa proceder a analogia entre os enunciados de fato e os enunciados normativos (premissa menor e premissa maior) deve-se, antes, converter os enunciados de fato em classes jurídicas. Para que essa conversão seja possível há que se fixar os limites dessas classes.

Como toda classificação, a definição das categorias jurídicas é originalmente arbitrária. No entanto na medida em que o direito ocidental segue uma tradição de mais de dois mil anos os limites dessas classes já se encontram razoavelmente definidos pela doutrina e pela prática jurídica.

Assumindo que todo direito é relacional as categorias básicas do direito são os elementos internos e externos da relação jurídica e sua correlação.

Os elementos externos da relação jurídica são: sujeitos; fato jurídico; objeto e; garantia. As relações sempre se estabelecem entre pessoas (sujeitos) que estão ligadas entre si e com um objeto (coisa) por um fato jurídico e estão protegidas pela garantia geral de sindicabilidade das normas jurídicas (BARCELOS, 2008) ou por garantias especialmente construídas (ANDRADE, 1992).

169

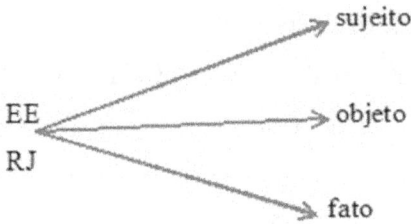

Sujeito da relação jurídica será sempre um ente dotado de personalidade jurídica. Personalidade jurídica é a aptidão conferida pelo ordenamento para que se possa contrair deveres e exercer direitos. É um centro de imputação da ordem jurídica. Além da personalidade há a questão da capacidade. A dupla de conceitos capacidade/incapacidade é o limite ao exercício da personalidade, isto é, os limites impostos para que o sujeito exerça direitos e contraia deveres em nome próprio[83].

O objeto, por seu turno, será sempre uma coisa. Juridicamente falando, coisa é um conceito construído por exclusão. Tudo aquilo a que o direito não confere personalidade é uma coisa e pode ser objeto de relação jurídica, ao contrário, tudo aquilo a que o direito confere personalidade é pessoa, portanto, sujeito potencial de relação jurídica.

O início e o término da personalidade são conceitos igualmente jurídicos e arbitrários estando na ordem do *dever ser*. A falta de percepção sobre esse ponto produz uma série infindável de discussões estéreis sobre o início e o término da vida. De fato não interessa, para o direito, quando a vida começa ou termina, o que conta são os critérios fixos e arbitrários estabelecidos para o início e o fim da personalidade. Em que momento se inicial e quando se finda a possibilidade de imputação de direitos e deveres em um dado centro é o verdadeiro problema jurídico a ser considerado[84].

Há, ainda, a questão da limitação da personalidade. Como já visto a personalidade tem seu exercício limitado pela capacidade. Além disso, o direito limita não só o exercício mas a personalidade mesma de certos entes. São as chamadas pessoas formais. São pessoas não naturais que tem seu âmbito de atuação juridicamente limitado, a elas é conferida personalidade apenas para determinados atos. O condomínio, o espólio e a massa falida são os exemplos mais conhecidos.

Outro problema ambíguo é a situação do nascituro. Há uma grande quantidade de teorias sobre a proteção do direito do nascituro nos ordenamentos jurídicos ocidentais[85]. No caso brasileiro a legislação é clara ao fixar o início da personalidade no momento do nascimento com vida, colocando a salvo os direitos do nascituro. Se há necessidade de se salvaguardar o direito do nascituro é porque ele não possui, ainda, personalidade, há aqui apenas uma expectativa de direito que virá ou não a se concretizar com o nascimento com vida[86]. Em linhas gerais a personalidade e a capacidade podem, para todos os fins práticos, ser resumida no seguinte gráfico.

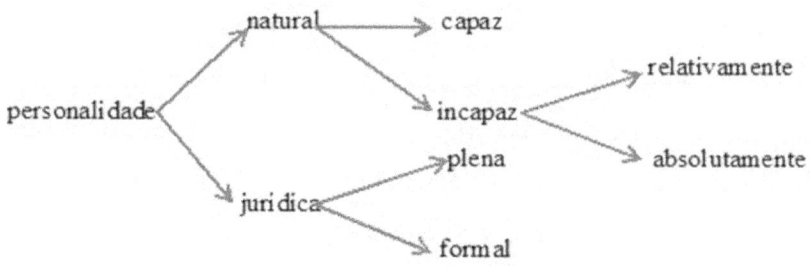

171

O objeto da relação jurídica será, sempre, um ente não dotado de personalidade. A diferença primária e primordial entre sujeito e objeto de uma relação jurídica está na personalidade. Como já visto, esse atributo nada tem de natural, é apenas um fenômeno jurídico. Os objetos de relação jurídica serão, portanto, sempre, coisas. Coisa em sentido jurídico é um ente ao qual não é atribuída personalidade.

As coisas necessitam de uma classificação mais extensa para possibilitar seu enquadramento.

A primeira classificação das coisas é separação entre aspectos internos e externos. Os aspectos internos são atinentes a coisa mesma. Já os aspectos externos tocam a correlação de uma coisa com outra. Na classificação interna as coisas são divididas segundo os seguintes critérios: A) apreciação econômica: conforme a possibilidade ou não de disposição onerosa. Nessa classe há as coisas fora do comércio (coisas em sentido estrito) e as coisas que podem ser comercializadas (bens); B) mobilidade: aqui há a divisão entre móveis e imóveis, os móveis ainda se dividem quanto a; C) fungibilidade e infungibilidade: que toca a possibilidade de substituição de uma coisa por outra do mesmo gênero. Essa classificação, assim como as demais é apenas jurídica (um enunciado normativo) e não guarda qualquer dever de correspondência com a realidade (enunciados de fato); D) corpo: divisão entre corpóreos e incorpóreos; E) complexidade: divisão entre coisas simples e coisas complexas, essas últimas formadas por um conjunto de coisas simples; F) divisibilidade: há coisas que são passíveis de divisão sem que isso lhes altere a natureza, são as coisas divisíveis e outras, ao contrário, onde a divisão implica em destruição ou mudança de natureza, as coisas indivisíveis e, por fim; G) A divisão quanto ao consumo: existem coisas que se extinguem com o uso (consumíveis) e outras que não (inconsumíveis). A classificação externa é mais simples, a divisão se dá, apenas, entre coisas principais e acessórias. Quando duas ou mais coisas se constituem em objeto de uma relação jurídica há que se ordena-las segundo sua precedência. Essa ordem se dá pela relevância no contexto da relação. As coisas principais são aquelas sem as quais a relação ou não existe ou muda de natureza, já as coisas acessórias podem ser modificadas ou suprimidas sem que isso ocorra. As coisas acessórias se dividem em: A) benfeitorias, que são subdivididas em necessárias, úteis e voluptuárias; B) frutos, vantagens que são retiradas da coisa e são renováveis que se dividem, por sua vez, em frutos naturais e civis; C) produtos, são utilidades retiradas das coisas não renováveis e; D) pertenças, são bens de grande valor, em princípio móveis, mas que são afetados a coisa principal.

O último elemento externo da relação jurídica é o fato que liga esses sujeitos à seu objeto. Mais uma vez vale ressaltar que o termo fato se refere a um enunciado descrito no contexto dos autos de um processo judicial e não possui nenhum compromisso com outros enunciados de fato que estão fora desse contexto (realidade).

Os fatos jurídicos são definidos, geralmente, como enunciados de fato que interessam ao direito ou que servem como hipótese de incidência de uma norma jurídica específica. Há nessa definição um aparente paradoxo. Se a incidência de um enunciado normativo sobre um enunciado de fato é pré-requisito para que o fato seja considerado como fato jurídico o estabelecimento de qualquer outra classificação posterior seria ociosa. Esse

174

paradoxo só existe na medida em que não se leve em conta a já assinalada diferença entre o contexto da decisão (descoberta) e o da justificação. O que se busca com a classificação apresentada não é saber se um enunciado de fato pode ser subsumido analogicamente a um enunciado normativo ou não, mas sim justificar essa inferência.

Os fatos jurídicos são classificados em primeiro lugar segundo a intervenção ou não da vontade humana dirigida a um dado fim. Essa divisão estabelece a categoria dos fatos jurídicos em sentido estrito (sem a intervenção direta e dirigida da vontade) e os atos, onde a intervenção da vontade e condição necessária e suficiente. Os fatos em sentido estrito são divididos segundo a previsibilidade de sua ocorrência em força maior (imprevisíveis e inevitáveis) e caso fortuito (inevitáveis mais previsíveis). O caso fortuito se divide, por sua vez, em interno e externo segundo sua ocorrência se verifique em geral ou somente para o caso de atividades específicas.[87]O chamado fato de terceiro[88] será enquadrado como caso fortuito interno ou externo segundo o contexto em que se apresente. O ato se praticado de acordo com o ordenamento vigente entra na classe dos atos jurídicos em sentido lato. O ato jurídico em sentido lato se divide de acordo com a extensão da vontade. Se a vontade se limita a prática ou não do ato e suas consequências estão estabelecidas em lei, se trata de um ato jurídico em sentido estrito. Caso contrário, se tanto a prática quanto as consequências são determinada pela vontade de ao menos um dos sujeitos há um negócio jurídico. Na outra ponta, se o ato é contra o direito é um ato antijurídico em sentido amplo e, se viola um dispositivo legal específico e determinado, se trata de um ato ilícito. Se a violação recai sobre um princípio do ordenamento sem que se enquadre em uma lei específica o ato é antijurídico em sentido estrito.

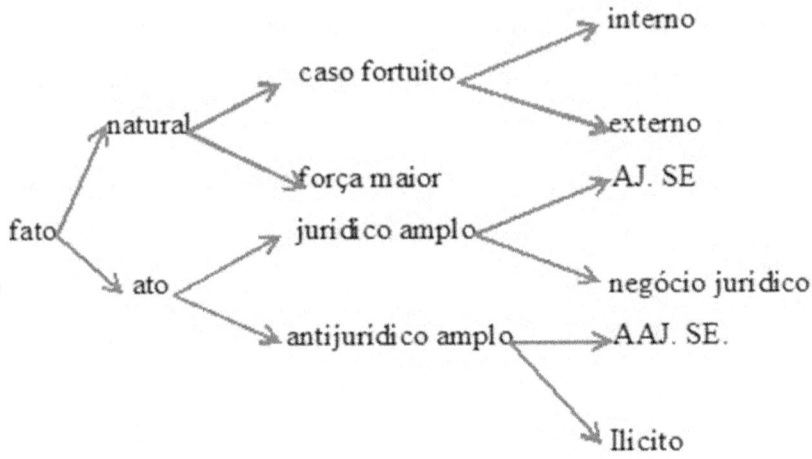

Essa classificação se estende para muito além do que aqui está sendo exposto, seguindo sempre a regra de continente/conteúdo e dividida em "degraus", mas para os propósitos do modelo que aqui se pretende exibir a construção até esse ponto é suficiente.

Os elementos internos da relação jurídica são os direitos/deveres e os interesses. Os direitos e deveres são o elo que ligam um sujeito ao outro, já o interesse é o que os liga ao objeto.

Para os efeitos de exposição, direito subjetivo será conceituado como uma vantagem concedia a alguém pelo ordenamento jurídico (MIRANDA, 1999), em outras palavras um direito que possui um sujeito determinado ou determinável. O direito surge quando há a subsunção de um enunciado de fato a um enunciado normativo e da analogia surge uma vantagem em favor de um dado sujeito (direito) que corresponde a uma desvantagem a para outro

176

(dever/sujeição). A classe genérica de direitos subjetivos também se divide, em direito subjetivo em sentido estrito e direito potestativo. A marca do direito subjetivo em sentido estrito é que sua satisfação depende da ação do titular do dever jurídico que lhe corresponde. Caso esse dever não seja cumprido o direito subjetivo é lesionado e passa a ser exigível, ou seja, dotado de pretensão. A todo direito subjetivo em sentido estrito corresponde um dever jurídico e a toda pretensão corresponde uma obrigação. Se a pretensão é satisfeita o direito se extingue, caso contrário o obrigado opõe uma resistência a pretensão (lide) constituindo-se em um conflito de interesses qualificado por uma pretensão resistida. Os direitos subjetivos em sentido estrito ainda têm uma outra subdivisão de acordo com a extensão dos titulares dos deveres. Se ao direito corresponde um dever passivo universal de abstenção trata-se de um direito absoluto, ao contrário se o dever não é universal o direito é relativo. De outro lado, estão os direitos potestativos cuja satisfação depende, exclusivamente, da vontade de seu titular. Nesse caso ao polo passivo cabe apenas a sujeição. Caso haja a recusa a sujeição há resistência ao exercício do direito potestativo. Frente a resistência (tanto ao exercício do direito potestativo quanto ao cumprimento da obrigação) surge, para o titular do direito a possibilidade de fazer valer sua vantagem em detrimento da vontade do titular do dever ou da sujeição. Esse novo direito é o direito de "ação material" (MIRANDA, 1999), no direito brasileiro, somente em raríssimos casos o titular da ação material pode exercê-la diretamente. Em geral o exercício pessoal desse direito será enquadrado como crime de exercício arbitrário das próprias razões. A solução é o recurso ao poder judiciário que

atuará de forma substitutiva, substituindo o titular no exercício da ação
material.

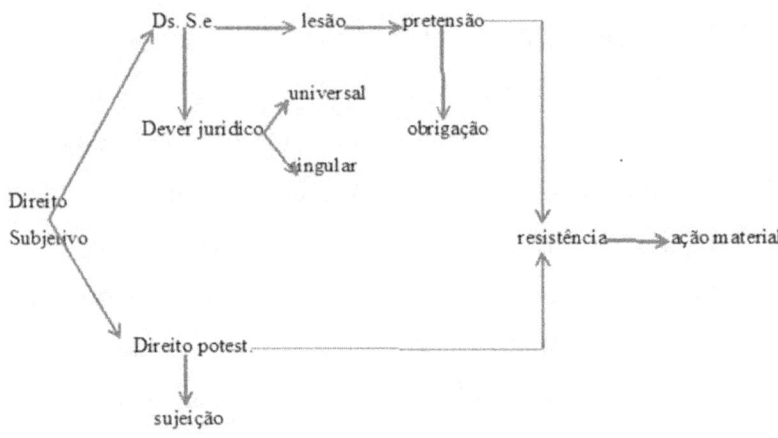

Essa classificação é essencial para a fixação do campo da vigência
(espaço e tempo) dos direitos, deveres e relações. Os efeitos do tempo sobre os
direitos são denominados de prescrição em sentido amplo. A prescrição em
sentido amplo se divide em institutos de direito processual e de direito
material. Os institutos temporais aplicáveis ao processo são a preclusão e a
perempção; os atinentes ao direito material são a prescrição e a decadência. A
prescrição e o aspecto temporal que extingue a exigibilidade do direito
(pretensão) e tem seu termo inicial no momento da lesão ao direito. A
decadência extingue o direito e incide sobre os direitos potestativos, em outras
palavras, todo direito subjetivo em sentido estrito está sujeito a prescrição, os
direitos potestativos quando possuem prazo esse será de decadência.

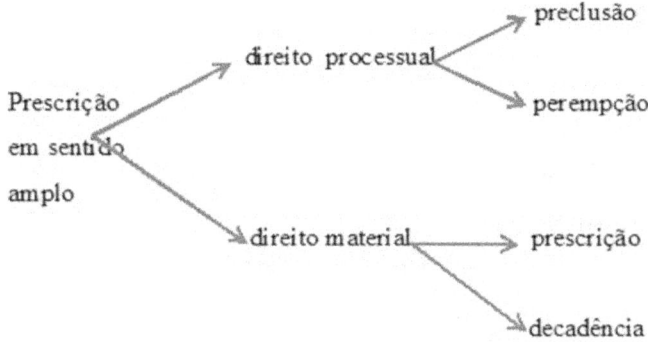

O último elemento a ser analisado na composição da relação jurídica é o interesse. Interesse é o elo que liga os sujeitos ao objeto de uma relação. Assim toda relação jurídica, não importando a classe de direitos envolvidos, há um interesse. Dependendo da forma como os sujeitos estão ligados ao objeto os interesses se dividirão em: individuais e transindividuais. Os individuais são simples ou homogêneos. Serão simples se afetos a um só sujeito, homogêneos quando são vários interesses iguais mas cada um atinente a um indivíduo isoladamente. Os transindividuais se dividem em difusos quando são titulares todos os membros da sociedade e coletivos quando a titularidade é de um grupo específico. A diferença entre os interesses coletivos e os individuais homogêneos fica clara quando se verifica a forma de satisfação. Nos interesses coletivos não é possível a satisfação apenas de um membro da coletividade, ou é tudo ou nada. Já no caso dos interesses individuais homogêneos é perfeitamente possível atender um sem atender aos demais.

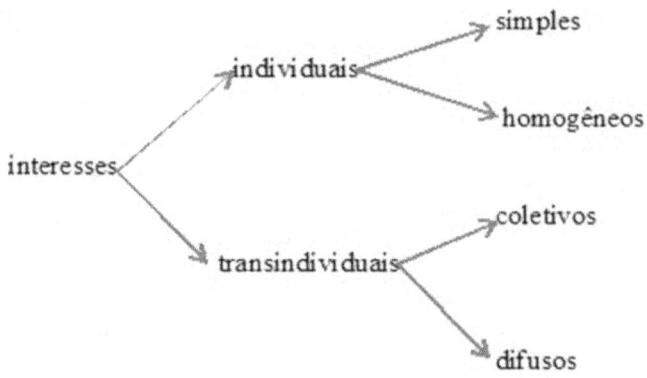

É importante deixar claro que o modelo aqui exposto é apenas uma entre muitas possibilidades de construção com o s elementos da teoria geral do direito. Os conceitos jurídicos ambíguos foram fixados e uniformizados neste modelo para servir aos propósitos de criação de um programa para justificação das decisões judiciais. Essa fixação não se pretende correta, exata ou única possível, ela foi resultado de uma escolha. O fato é que, dado a ambiguidade da linguagem natural e a imensa quantidade de decisões judiciais e obras doutrinárias, existe um número enorme de possibilidades para a fixação desses conceitos, o fato é que, para uma justificação coerente, eles precisam ser fixados de alguma forma.

4.4 Os conteúdos dos termos das proposições

A correção ou incorreção de uma inferência lógica só pode ser avaliada se os termos que compõe cada uma das proposições envolvidas no raciocínio possuir um significado preciso e unívoco. A linguagem formalizada da lógica comporta esse tipo de verificação na medida em que é vazia de qualquer significado específico. Assim fica fácil a aferição da asserção: "a" é igual a "b"; "b" é igual a "c"; logo "a" é igual a "c". O problema se instala no momento em que os termos abstratos são preenchidos com conteúdos significativos mais ou menos ambíguos. Por exemplo, o raciocínio: todo contrato é um negócio jurídico; o casamento é um contrato; logo o casamento é um negócio jurídico, pode ser verdadeira (correta) ou falsa (incorreta) dependendo das definições dos termos, contrato, negócio jurídico e casamento. O significado desses termos não é preciso, unívoco nem pode ser pressuposto pelo sujeito que formula a asserção (decisão).

Disso decorre a necessidade da fixação do conteúdo dos termos das proposições utilizadas na construção das justificações das decisões. O modelo proposto no título anterior busca essa fixação no âmbito da teoria do direito. No entanto como o silogismo jurídico é analógico suas conclusões serão apenas prováveis e não necessárias (PERELMAN, 2007). Por isso um mesmo modelo pode servir para justificar asserções (decisões) por vezes opostas. Não há erro ou falha no modelo, esse fato decorre da natureza do silogismo judicial. Como a premissa maior é um enunciado normativo e a premissa menor um enunciado de fato o que se faz é comparar os dois enunciados e, em caso de semelhanças entre ambos, estender as conclusões do enunciado normativo para o enunciado de fato, criando então, dois novos enunciados normativos. O problema é que um mesmo enunciado de fato pode ser análogo a mais de um enunciado normativo e cada enunciado normativo possui conclusões (preceitos e sanções) diferentes. Desta forma há que se escolher com qual dos enunciados normativos há uma maior compatibilidade. É uma questão de classificação. Um mesmo enunciado de fato pode, ao mesmo tempo, ser classificado segundo vários enunciados normativos, há que se escolher, então, qual das classificações é a mais conveniente.

Nesse sentido, o debate que ocorre dentro de um processo é essencial na medida em que pela via da argumentação é que se poderá: A) fixar a premissa menor (criar o enunciado de fato); B) ressaltar quais características essenciais devem ser observadas nesse enunciado para que a criação do enunciado normativo (premissa maior) e; C) verificar se a escolha de decisão feita está correta, ou seja, se pode ser considerada como válida após a submissão de sua justificação à prova lógica.

Nesse ponto o contexto da decisão e o contexto da justificação acabam por se confundir. Como já assinalado o processo que conduz a decisão propriamente dita (construção da asserção ou contexto da descoberta) não pode ser submetido à prova lógica ou empírica. A validade ou a probabilidade indutiva da conclusão ou da descoberta será avaliada, posteriormente, pela submissão a prova, mediante o uso de um método compartilhado pela comunidade. Ocorre que, no caso do direito, dado a peculiaridade da matriz analógica de seus raciocínios, duas conclusões opostas ou até mesmo contraditórias podem ser válidas com a aplicação de um mesmo modelo. É claro que com a mudança dos conteúdos significativos dos termos das proposições jurídicas pode-se chegar a qualquer resultado que se queira. Mas esse não é um verdadeiro problema, essa atitude decorre de erro ou de desonestidade intelectual. O uso desmedido desse tipo de artifício nas decisões judiciais é extremamente perigoso já que ele conduz a instabilidade, a ilegitimidade e desmoralização do sistema como um todo. A importância da justificação das decisões judicias reside na possibilidade de verificação de sua correção lógica, se a cada passo da decisão os conteúdos significativos dos termos das proposições forem alterados essa verificação é impossível e a decisão deixa de ter validade lógica, se tornando um ato arbitrário e com sentido apenas para quem a profere. O verdadeiro problema reside no fato de que mesmo com toda honestidade intelectual e usando um modelo fixo para o conteúdo significativo das proposições pode-se chegar a mais de um resultado logicamente válido. Nesse ponto há um retorno ao contexto da decisão já que há que se escolher entre um desses resultados. Essa escolha específica não é mais passível de prova lógica na medida em que as diversas opções são logicamente válidas. É aqui que a argumentação retórica assume vital importância para a s decisões judiciais.

Conclusão

Embora esse texto seja um trabalho de conclusão de curso ele não significa a conclusão de um trabalho, isso porque o que aqui foi exposto é o resultado da construção do fundamento teórico que servirá para a elaboração de um software capaz de auxiliar a fundamentação das decisões judiciais.

Um tal programa seria capaz não só de auxiliar os julgadores a prestar um serviço de maior qualidade como também seria usado para que aquele que profere a decisão pudesse aferir a força indutiva e a qualidade de suas decisões, dando, com isso, efetividade e concreção ao artigo 93 IX da Constituição Federal cuja observância é necessária para a garantia do Estado Democrático do Direito.

Isso é necessário na medida em que a sentença, embora possua esse nome, não é uma sentença no sentido da lógica dedutiva que pode ser verificada por via de tabelas de verdade. Trata-se, de fato, de uma inferência indutiva que carrega, em si, uma incerteza. Dada a matriz analógica da conclusão dos julgados há uma maior ou menor probabilidade de correção de sua conclusão. A probabilidade, força indutiva, dessa conclusão pode ser mensurada com o uso do cálculo dos predicados, que pode ser aferida com o uso das novas tecnologias.

Para que a qualidade da justificação possa ser aferida e para que esse sistema possa ser desenvolvido o primeiro passo foi fixar o padrão de racionalidade utilizado na justificação das decisões judiciais. O primeiro passo foi tentar descrever quais são os critérios usados para diferenciar uma decisão corretamente justificada de uma mal justificada. Para isso, no primeiro

184

capítulo se procurou estabelecer o conceito de conhecimento e a fronteira entre o conhecimento e a tolice. Nesse ponto se estabeleceu que a nota principal do conhecimento é a justificação racional de uma afirmação e que a racionalidade se define como a construção de uma prova lógica na forma de inferências. Essa prova lógica deve atender a três exigências: A) os fundamentos axiomáticos devem estar explícitos; B) as regras de inferência utilizadas devem ser claras e previamente definidas; C) o conteúdo semântico (significado) dos termos usados nas premissas da prova devem ser fixados, esclarecidos e explicitados.

Uma vez estabelecido que tanto conhecimento quanto as decisões judiciais possuem uma igual necessidade de justificação se concluiu que os padrões de justificação racional utilizados para diferenciar o conhecimento da tolice também são aqueles necessários para se dar concreção ao imperativo constitucional que determina a necessidade de fundamentação das decisões.

Visto isso, o passo seguinte, foi, no capítulo dois, estabelecer quais são as regras de inferência comumente usadas nos raciocínios jurídicos. Nesse ponto ficou estabelecido que a construção da conclusão do ato sentencial se dá pela via de uma inferência indutiva analógica cujas premissas possuem regras de inferência distintas, enquanto a norma contida na premissa maior deve ser produto de uma série de inferências dedutivas que justificarão sua pertinência, em termos de conteúdo e de forma, a um dado sistema jurídico, a premissa menor é o resultado de uma série de inferências de melhor explicação (IME), tipo de raciocínio utilizado quando se opera apenas com indícios, o que é o caso das afirmações de fato formuladas nos processos judiciais.

Uma vez estabelecidas às regras de inferência o passo seguinte foi a exposição dos diversos fundamentos mais comumente usados nas decisões. A escolha de um fundamento ou outro irá trazer fortes impactos na conclusão e na justificação dos julgados. Como visto no capítulo um, não há como escapar da fixação de axiomas, o importante é que eles sejam explícitos e, em termos de encadeamento lógico, o mais distante possível da conclusão. Nesse ponto foram identificadas duas grandes classes de fundamentos: aqueles de apelam para o absoluto e os que se utilizam que algum tipo de relativismo.

Em seguida, no capítulo quatro, se tentou estabelecer um modelo onde são explicitados os critérios impostos pelo direito para a fixação da melhor explicação contida na premissa menor e para as deduções contidas na premissa maior. Além disso, se buscou explicitar o conteúdo semântico (significado) dos termos que serão usados nessas premissas quando da construção dos algoritmos que operarão o sistema.

O passo seguinte será, com a utilização do que aqui foi pesquisado e exposto, a formulação do "desenho" do sistema auxiliar e a criação de um protótipo funcional que poderá ser levado a teste.

A principal motivação para esse trabalho é a melhora da qualidade das decisões judicias tanto em termos de velocidade e conteúdo. Hoje o Poder Judiciário se encontra sob grande (e justificada) pressão da sociedade para que suas decisões sejam proferidas o mais rápido possível. No entanto essa celeridade na prestação jurisdicional não pode ser obtida ao custo do sacrifício do Estado Democrático de Direito. O mundo atual se encontra na era da informática e da automação dos processos mentais. O atual estágio da tecnologia da informação mudou drástica e irreversivelmente a forma como as

186

pessoas raciocinam e percebem o mundo. Essa mudança já chegou a teoria e a prática jurídica e judicial, a despeito disso o discurso dos operadores do Direito, em seus vários níveis, continua atrelado aos fins do século XIX onde a demanda pelos serviços judiciais era infinitamente menor e os meios para atendê-la eram outros. A realidade é que hoje as decisões são proferidas e justificadas de forma muito diferente. O uso dos processadores de texto, a possibilidade de consultas imediatas a outros julgados e a possibilidade de catalogação de processos com base em palavras chave, já operou uma mudança tremenda na forma pela qual as decisões são tomadas, redigidas e justificadas. Isso não é bom ou mal, é apenas uma constatação com a qual se há de trabalhar. A melhor forma de conviver com estas mudanças sem correr o risco de um retrocesso brutal aos julgamentos medievais, que apelavam para justificações sobrenaturais e sem compromisso com a racionalidade, é admitir que elas ocorreram e tentar, de alguma forma, fixar quais são e como devem ser usados os critérios de avaliação das decisões e de seus fundamentos. O objetivo deste trabalho foi contribuir, ainda que de forma modesta, para este fim.

Referências Bibliográficas

_____Dicionário Eletrônico Houaiss da língua portuguesa v.10.1.05, Rio de Janeiro: Editora Objetiva, 2002.

AGOSTINO, Santo. **Confissões; De magistro**. São Paulo: Abril Cultural, 1989.

ARAÚJO, Inês Lacerda. **Do Discurso ao Signo**. São Paulo: Parábola, 2008.

AHRENS, Henri. **Cours de Droit Naturel**. Lepzig: F.A. Brockhaus, 1875.

ALDISERT, Ruggero. **Logic for law students**. S.l: S.e, 2007.

ALEXY, Robert. **Teoria de los derechos fundamentales**. Madrid: Centro de Estudos Constitucionales, 1993.

_____. **Uma defensa de la fórmula de Radbruch**. S.l: Anuário da Faculdade de Derecho da Universidade de Coruña, 2001.

_____. **Teoria da argumentação jurídica**. São Paulo: Landy, 2005.

_____. **Direito, razão, discurso**. Porto Alegre: Livraria do Advogado, 2010.

ATIENZA, Manuel. **Las razones del derecho**. México: Instituto de Investigaciones Jurídicas, 2005.

ARENDT, Hannah. **A condição humana**. São Paulo: Forense Universitária, 2007.

BARCELLOS, Ana Paula de. **A eficácia jurídica dos princípios constitucionais**. Rio de Janeiro: Renovar, 2008.

BARROSO, Luiz Roberto. **A nova interpretação constitucional**. São Paulo: Renovar, 2008.

BOBBIO, Norberto. **Teoría general del derecho**. Bogotá: Temís, 1994.

_____. **Teoria do ordenamento jurídico**. Brasília: Unb, 1982.

_____. **O positivismo jurídico**. São Paulo: Ícone, 1995.

CAPELLETTI, Mauro. **Juízes irresponsáveis?** . Porto Alegre: Sérgio Fabris, 1989.

_____. **Juizes legisladores** ?. Porto Alegre: Sérgio Fabris 1993.

CASTELO, Jorge Pinheiro. **O direito do trabalho à luz da moderna teoria geral do processo**. São Paulo: LTR, 1993.

CHIOVENDA, Giuseppe. **Instituições de direito processual civil** Vol 1, 2 e 3. São Paulo: Saraiva, 1942.

COMTE-SPONVILLE, André. **Dicionário filosófico**. São Paulo: Martins Fontes, 2003.

COPI, Irving M. **Introdución a la lógica**. Buenos Aires: Eudeba, 2009.

DELEUZE, Giles. **A Filosofia Crítica em Kant**. Lisboa: Edições 70,1994.

_____. **Diferença e repetição**. São Paulo: Graal, 2009.

DESCARTES, René. **Discurso do Método**. Versão eletrônica. http://br.egroups.com/group/acropolis/. [S.L: S.E. S.D.].

DIJK, Teun A. van. **Ideologia y discurso**. Barcelona: Ariel Linguística, 2003.

ECO, Umberto. **Em Que Creem os que Não Creem**. São Paulo: Temas de Hoje, 1997.

ENGEL, Pascal e Richard Rorty. **Para que serve a verdade**. São Paulo: Unesp, 2008.

ENGISH, Karl. **Introdução ao pensamento jurídico**. Lisboa: Fundação Calouste Gulbenkian, 1983.

FERRAZ, Tércio S. **A Ciência do direito**. São Paulo: Atlas, 1977.

_____**Direito retórica e comunicação**. São Paulo: Saraiva, 1997.

FILHO, José dos Santos Carvalho. **Curso de direito administrativo.** Rio de Janeiro: Lumen Juris, 2000.

FILHO, Nagib Slaibi. **Sentença cível**, Rio de Janeiro: Forense, 1992.

FLUSSER, Vilém. **Língua e realidade.** São Paulo: Annablume, 2009.

FOUCAULT, Michel. **Isto não é um cachimbo**. S.l.: Coletivo Sabotagem, 2004.

_____. **Microfísica do poder**. São Paulo: Graal, 2008.

_____. **A ordem do discurso**. São Paulo: Loyola, 2005.

_____. **The courage of truth.** New York: palgrave macmillan, 2011.

GADAMER, Hans-Georg. **Verdade e Método** Volume 1. Petrópolis: Vozes, 1997

GERSTING, Judith L. **Fundamentos matemáticos para a ciência da computação**. Rio de Janeiro: LTC, 1993.

GETTIER, Edmund l. **Is justified belief knowledge?** S.l: S.e., 1997.

GIDDENS, Anthony. **A constituição da sociedade**. São Paulo: wmf Martins Fontes, 2009.

GÓRGIAS. **Tratado do não-ser**. [s.l, s.n., s.d.]

_____. **Elogio à Helena**. Limeira: USP, 2003.

GRECCO, John e Ernest Sosa. **Compêndio de Epistemologia**. São Paulo: Edições Loyola, 2008.

HANSON, Norwood Russel. **Patterns os Discovery**. Cambridge: University Press, 1961.

HARMAN, Gilbert H. **The inference to the best explanation**, in The Pholosophical review. S.l.: Cornell University, 1965.

_____. **Reasoning, meaning and mind**. Oxford: Clarerndon Press, 1999.

HESÍODO. **Teogonia** A Origem dos Deuses. São Paulo: Iluminuras,1995.

HONNETH, Axel. **Luta por reconhecimento**. São Paulo: Editora 34, 2009.

HUME, David. **Sceptical Doubts Concerning the Operations of Understanding/Problem of Induction**. Versão electrônica. [S.L: S.E. S.D.]. www.opifex.cnchost/philres/.

_____. Investigação acerca do entendimento humano. S.l.: eBooksBrasil.com, 2005.

JONHS, Richard. **Inference to the best explanation**. S.l.: S.e., 2008.

JUNGES, Alexandre Luiz. **Inferência da melhor explicação**. Porto Alegre: Intuito, 2008.

KANT, Emanuel. **Crítica da faculdade do juízo**. Rio de Janeiro: Forense Universitária, 1995.

_____ .**Crítica da razão pura**. Lisboa: Fundação Calouste Gulbenkian, 1997.

_____. **Crítica da razão prática**. São Paulo: Ìcone, 2005.

_____. **Metafísica dos Costumes**. São Paulo: Edipro, 2008.

KAUFMANN, Arthur. **Filosofia do direito**. Lisboa: Fundação Calouste Gulbenkian, 2007.

KELSEN, Hans. **Teoria geral das normas**. Porto Alegre: Sérgio Fabris, 1986.

_____. **Teoria pura do direito**. São Paulo: Martins Fontes, 1999.

KUHN, T.S. **La estrutura de las revoluciones científicas**. Buenos Aires: Fondo de Cultura Económica, 1995.

LA TAILLE, Yves. **Moral e ética**. São Paulo: Artmed, 2006.

LIPTON, Peter. **Inference to the best explanation**. Londres: Routledge, 2004.

LUHMANN, Niklas. **Introdução à teoria dos sistemas**. Petrópolis: Vozes, 2009.

MARINONI, Luiz Guilherme. **Curso de processo civil** Vol 1. São Paulo: RT, 2000.

_____. **Técnica processual e tutela dos direitos**. São Paulo: RT, 2010.

MIRANDA, Pontes de. **Comentários ao código de processo civil** Tomo I. Rio de Janeiro: Forense, 1995.

_____. **Tratado de direito privado** Volume 1. Campinas: Bookseller, 1999.

PERELMAN, Chaïm. **Lógica jurídica**. São Paulo: Martins Fontes, 2004.

_____. **Ética e direito**. São Paulo: Martins Fontes, 1996.

PLATÃO, **Teeteto**. Versão eletrônica. [S.L: S.E. S.D.]. http://br.egroups.com/group/acropolis/.

POPPER, Karl. **Lógica das ciências sociais**. Rio de Janeiro: Tempo brasileiro, 1997.

_____. **Lógica da pesquisa científica**. São Paulo: Cultrix, 2007.

RADBRUCH, Gustav. **Five minutes of legal philosophy**. Oxford: Oxford Journal, 2006.

RORTY, Richard. **The linguist turn**. Chicago: The Univrsity of Chicago Press, 1992.

RUSSELL, Bertand. **Introdução à filosofia matemática**. Rio de Janeiro: Zahar,2007.

SANTOS, Boaventura de Souza. **Justiça popular**, dualidade de poderes e estratégias socialista, in Direito e Justiça. São Paulo: Ática, 1989.

SEBEOK, Thomas A. **Sherlock Holmes y Charles S. Pierce**. Barcelona: Paidós, 1987.

SILVA, Ovídio Baptista da. **Curso de processo Civil** Volume 1. São Paulo: LTR, 1998.

_____**Processo e ideologia**. Rio de Janeiro: Forense, 2006.

SUPPES, Patrick. **Introduction to Logic**. New York: Van Nostrand Reihold Company, 1957.

SKYRMS, Brian. **Escolha e acaso**. São Paulo: Cultriz, 1971.

THAGARD, Paul R. **The best explanation: Criteria for teory choice,** in The Journal of Philosophy Vol. 75, n 2. S.L.: Journal of Philosofy, 1978.

TARSKI, Alfred. **The Semantic Concepcion of Truth: and the Foundations of Semantic.** Philosophy and Phenomenological Research, Vol 4 , Issue 3, pg 341-346. S.l: Philosophy and Phenomenological Research, 1944.

WATANABE, Kazuo. **Da cognição no processo civil.** São Paulo: Centro Brasileiro de Pesquisas Jurídicas, 1999.

WITTIGENSTEIN, Ludwig. **Investigações Filosóficas.** Petrópolis: Vozes, 1994.

Notas

[1] "Substantivo feminino ato ou efeito de crer – **1** estado ou processo mental de quem acredita em pessoa ou coisa Ex.: revela uma grande c. **1.1**atitude de quem se persuadiu de algo pelos caracteres de verdade que ali encontrou Ex.: <c. em Deus> <c. nas instituições democráticas> **2** fé, em termos religiosos Ex.: tem uma c. inabalável na Santíssima Trindade **3** mito ou doutrina religiosa ou mística (mais us. no pl.) Ex.: grassavam ali muitas c. obscuras **4** convicção profunda e sem justificativas racionais em qualquer pessoa ou coisa Ex.: em todos os momentos, sua c. no partido não esmoreceu **5** opinião manifesta com fé e grande segurança Ex.: nossa c., afinal, é de que todos serão recompensados **6** Derivação: por metonímia. Aquilo ou aquele em que se crê; o objeto ou alvo de uma crença Ex.: ela era seu mito, sua c.**7** Regionalismo: Portugal. Uso: informal. Atração ou inclinação amorosa por alguém **8** Regionalismo: Portugal. Uso: informal. Falta de confiança; suspeição **9** Rubrica: filosofia. No pensamento medieval, fé religiosa, convicção na doutrina e nos ensinamento sagrados, freq. considerados compatíveis e coerentes com a reflexão racional**10** Rubrica: filosofia. no *empirismo* moderno, disposição meramente subjetiva a considerar algo certo ou verdadeiro, por força do hábito ou da vivacidade das impressões sensíveis;"

[2] Um mesmo elemento não pode figurar como continente e conteúdo de um sistema ou conjunto. É o conhecido paradoxo de Russell.

[3] Popper propõe como solução para o problema da demarcação entre a ciência e o vulgo a possibilidade de refutação de um dado enunciado pela experiência. "Contudo, só entenderei um sistema como empírico ou científico se ele for passível de comprovação pela experiência. Essas considerações sugerem que deve ser tomado como critério de demarcação não a verificabilidade, mas a falseabilidade de um sistema." (p.42).

[4] Nesse texto o autor desenvolveu um conceito formal de verdade onde a frase "a neve é branca" será verdade se, e somente se, a neve for branca. A isso ele determinou de concepção semântica da verdade. Trata-se de uma definição formal válida para toda e qualquer visão de mundo. Ela se estrutura na articulação entre a linguagem e a metalinguagem não importando qual a visão de mundo que se adote. Para os empiristas a neve será branca se, empiricamente, isso se verificar, para os coerentistas se a proposição puder ser deduzida de outra, e assim por diante. Afirma o autor "In fact, the senabtic definition of truth implies nothing regarding the conditions under which a sentence like (1): *snow is white* cam be asserted. It implies only that, whenever we assert or reject this sentence, we must be ready to assert or reject correlated sentence (2): *"the snow is white" is true.*

Thus the , we way may accepted the semantic conception of truth without giving up any epistemological attitude we may have had; we may remain naïve realists, critical realists or idealists, empiricists or metaphysicians- whatever we were before. The semantic conception is completely neutral toward all these issues." (Páginas 361/362) (grifos não constam no original).

[5] A imagem das etiquetas é usada por Wittgenstein nas Investigações Filosóficas da seguinte forma: "Será sempre útil, quando filosofamos, dizermos a nós mesmos: dar nome a algo é semelhante a fixar uma etiqueta em uma coisa." (Página 22). É claro que para Wittgenstein, principalmente em sua chamada segunda fase, essas etiquetas não são pré-existentes a nomeação, são decorrentes de um "jogo de linguagem".

[6] Nesse trabalho a autora desenvolve uma descrição da evolução da relação entre a filosofia e a linguagem, enfatizando as questões da referência e da denominação tal como desenvolvidas por vários outros autores ao longo dos séculos. Em várias passagens ela aborda a questão da correspondência em especial: "Como é possível que, com palavras organizadas na forma de sentenças, ocorra a referência à realidade?" (Página 58), mais adiante "A pergunta pelo significado parece sempre algo misterioso, algo como uma busca pela substância, pois o significado parece pairar na cabeça ou na mente. É preciso reconduzi-lo do céu metafísico para a terra e perguntar o que é explanar o significado." (Página 119). Mais adiante, em comentário a disputa entre Putnam e Kriple, "A verdade se estabelece numa relação de CORRESPONDÊNCIA entre as palavras e ou signos/pensamentos com coisas externas" (Página 179).

[7]Sobre a necessidade ou não de uma ética ateia, em outras palavras, como é possível a quem não acredita no universal (bom, belo, justo e etc.) como valores necessários e invariáveis desenvolver algum tipo de ética? Ao desenvolver o tema os autores acabam por descrever o que entendem por "universais". Ao tema se refere o cardeal na seguinte passagem ... "como se pode chegar a dizer, prescindindo da referência a um Absoluto, que certas ações não se podem fazer, sob nenhum conceito, e que outras devem fazer-se, custe o que custar?" (Página33), mais adiante, no mesmo texto, irá se encontrar os elementos para a conceituação do absoluto, universal e necessário na resposta de Ecco a essa questão. Não há como transcrever, o texto é muito longo, mas está na obra citada no intervalo entre as páginas 43/86.

[8] A Carta VII de Platão, em conjunto com a Alegoria da Caverna constituem os textos paradigmáticos do platonismo a cerca da precedência do filósofo sobre as demais pessoas com relação apercepção da verdade. Apenas a título de exemplo vale citar a seguinte passagem da Carta VII: "Assim não acabarão os males para os homens até que chegue a raça dos puros e autênticos filósofos ao poder ..." Como os dois textos são conhecidos de todos e contam com publicações já em domínio público não há necessidade de outras citações.

198

[9] Como botânico/naturalista de origem Aristóteles e seus seguidores darão ênfase a observação e a composição do conhecimento pela via da catalogação e da construção de series indutivas. Essa característica pode ser encontrada, em especial, na lógica aristotélica e nos Tópicos.

[10] Embora a obra seja de todos conhecida vale a citação de alguns trechos: ... "nada existe que esteja completamente em nosso poder, salvo os nossos pensamentos, de maneira que, após termos feito o melhor possível no que se refere às coisas que nos são exteriores, tudo o que deixamos de nos sair bem é, em relação a nós absolutamente impossível." (Página 15) e mais adiante: "Mais tarde, ao analisar com atenção o que eu era, e vendo que podia presumir que não possuía corpo algum e que não havia mundo algum, ou lugar onde eu existisse, mas que nem por isso podia supor que não existia; e que, ao contrário, pelo fato mesmo de eu pensar em duvidar da verdade das outras coisas, resultava com bastante evidência e certeza que eu existia; ao passo que, se somente tivesse parado de pensar, apesar de que tudo o mais que alguma vez imaginara fosse verdadeiro, já não teria razão alguma de acreditar que eu tivesse existido; compreendi, então, que eu era uma substância cuja essência ou natureza consiste apenas no pensar, e que, para ser, não necessita de lugar algum, nem depende de qualquer coisa material. De maneira que esse eu, ou seja, a alma, por causa da qual sou o que sou, é completamente distinta do corpo e, também, que é mais fácil de conhecer do que ele, e, mesmo que este nada fosse, ela não deixaria de ser tudo o que é" (Páginas 19 e 20).

[11] "Se perguntarmos agora: quais são esses objetos? Vemos imediatamente que seria contraditório responder «as coisas em si». Como é que uma coisa *tal qual ela é em si* poderia ser submetida à nossa faculdade de conhecer e pautar-se por ela? Só o podem em princípio os objetos *tais como eles aparecem*, ou seja, os «fenômenos». (Assim, na *Crítica da Razão pura*, a síntese *a priori* é independente da experiência, mas não se aplica senão aos objetos da experiência.) Vê-se, pois, que o interesse especulativo da razão incide naturalmente sobre os fenômenos e apenas sobre eles. Não se creia que Kant tem necessidade de longas demonstrações para chegar a este resultado: é um ponto de partida da Crítica, o verdadeiro problema da Crítica da Razão pura começa para lá dele. Se só houvesse o interesse especulativo, seria bastante duvidoso que a razão se empenhasse alguma vez em considerações sobre as coisas em si" (Página 13).

[12] Tomando os termos essência e existência como sinônimos da coisa-em-si e de sua aparência.

[13] É um tema abordado de forma recorrente nas aulas do Professor Márcio Pugliesi.

[14] Na medida em que há na linguagem uma palavra para pão ou para colheita é que se faz pão ou colheita se essas palavras não existissem não haveria pão nem colheita mas outras coisas.

[15] A crença fundamental do conceito de conhecimento repousa sobre a possibilidade do

conhecimento em si. Não há prova lógica ou empírica verificável dessa possibilidade. A possibilidade de conhecer é uma crença na medida em que não só independe de prova como não é suscetível de prova.

[16] Como quem crê afirma aderir à verdade crer naquilo que não é verdade é, para o crente, uma contradição em termos;

[17] Observar é mais do que um ato físico. Toda observação importa em uma interpretação preliminar, quem vê, na medida em que significa o que vê, já interpreta, então pessoas de possa de paradigmas diferentes olham a mesma coisa mas veem coisas diferentes. Nesse sentido vale citar Hanson (1961) "People, not their eyes see. Cameras, eyes balls, are blind. Attempts to locate within the organs of sight (or within the neurological reticulum behind the eyes) some nameable called "see" may be dismissed" (pag 6, 7)

[18]Os conceitos de pré-compreensão e de círculo hermenêutico, que estão intimamente ligados, são essenciais para a desconstrução do mito da neutralidade do sujeito. Esses conceitos, como afirmando pelo próprio autor têm origem nos trabalhos de Hidegger. "Toda interpretação correta tem que proteger-se contra a arbitrariedade da ocorrência de "felizes ideias" e contra a limitação dos hábitos imperceptíveis do pensar, e orientar sua vista "às coisas elas mesmas" (que para os filólogos são textos com sentido, que também tratam, por sua vez, de coisas). Esse deixar-se determinar assim pela própria coisa, evidentemente, não é para o intérprete uma decisão "heroica", tomada de uma vez por todas, mas verdadeiramente "a tarefa primeira, constante e última". Pois o que importa é manter a vista atenta à coisa, através de todos os desvios a que se vê constantemente submetido o intérprete em virtude das ideias que lhe ocorram. Quem quiser compreender um texto realiza sempre um projetar. Tão logo apareça um primeiro sentido no texto, o intérprete prelineia um sentido do todo. Naturalmente que o sentido somente se manifesta porque quem lê o texto lê a partir de determinadas expectativas e na perspectiva de um sentido determinado. A compreensão do que está posto no texto consiste precisamente na elaboração desse projeto prévio, que, obviamente, tem que ir sendo constantemente revisado com base no que se dá conforme se avança na penetração do sentido." (Página 407). E mais adiante no mesmo texto. "O que afirmamos a respeito da opinião prévia do hábito linguístico vale igualmente para as opiniões prévias de conteúdo, com as quais lemos os textos e que constituem nossa pré-compreensão. Também aqui se coloca o problema de como achar a saída do cabo de força das próprias opiniões prévias." (Página 409)

[19] O conceito de discurso em Foucault leva em consideração a relação entre o saber e o poder, com ênfase nas "partilhas" do discurso, nos eixos da proibição; da loucura e da verdade. As oposições dos pares descritos são, para o autor, indispensáveis a construção do saber e do poder. Além disso não só

200

as formas mas o conteúdos dos pares opostos sofrem variações ao longo do tempo de do contexto em que estão inseridas. Esse tema é abordado em várias obras de Foucault, em especial em As Palavras e as Coisas; Arqueologia do Saber e na Ordem do Discurso. Nessa última obra há uma passagem sobre os discursos rituais que sintetiza o que aqui foi dito: (...) "forma mais superficial e mais visível destes sistemas de restrição é constituída por aquilo que se pode agrupar sob o nome de ritual ; o ritual define a qualificação que devem possuir os indivíduos que falam (e que, no jogo do diálogo, na interrogação, na recitação, devem ocupar determinada posição e formular determinado tipo de enunciados); define os gestos, os comportamentos, as circunstâncias e todo o conjunto de sinais que devem acompanhar o discurso; o ritual fixa, por fim, a eficácia, suposta ou imposta, das palavras, o seu efeito sobre aqueles a quem elas se dirigem, os limites do seu valor constrangedor. Os discursos religiosos, jurídicos, terapêuticos, e em parte também os políticos, não são dissociáveis desse exercício de um ritual que determina para os sujeitos falantes, ao mesmo tempo, propriedades singulares e papéis convenientes."

[20] "Pode-se, para tuna *grande* classe de casos de utilização da palavra "significação" — se não para *todos* os casos de sua utilização —, explicá-la assim: a significação de uma palavra é seu uso na linguagem" (página 44)

[21] "Podemos também imaginar que todo o processo do uso das palavras em (2) é um daqueles jogos por meio dos quais as crianças aprendem sua língua materna. Chamarei esses jogos de *"jogos de linguagem"*, e falarei muitas vezes de uma linguagem primitiva como de um jogo de linguagem. E poder-se-iam chamar também de jogos de linguagem os processos de denominação das pedras e da repetição da palavra pronunciada. Pense os vários usos das palavras ao se brincar de roda. Chamarei também de "jogos de linguagem" o conjunto da linguagem e das atividades com as quais está interligada. (página 26)

[22] "As atividades humanas, à semelhança de alguns itens autoreprodutores na natureza, são recursivas. Quer dizer, elas não são criadas por atores sociais mas continuamente recriadas por eles através dos próprios meios pelos quais eles se expressam *como* atores. Em suas atividades, e através destas, os agentes reproduzem as condições que tornam possíveis essas atividades (...) A continuidade de práticas presume reflexividade, mas esta, por sua vez, só é possível devido a continuidade de práticas que as tornam nitidamente as "mesmas" através do espaço e do tempo. Logo, a "reflexividade" deve ser entendida não meramente como autoconsciência", mas como o caráter monitorado do fluxo contínuo da vida social" (Página 3)

[23] "Como todos os termos definidos o são por meio de outros termos, está claro que o

conhecimento humano terá sempre de se contentar em aceitar alguns termos como inteligíveis sem definição, a fim de ter um ponto de partida para suas definições. — Não é claro que deva haver termos que sejamos incapazes de definir: é possível que, por mais que avancemos nas definições, *possamos* sempre ir mais longe. Por outro lado, também é possível que, quando a análise tenha sido levada suficientemente longe, possamos alcançar termos que são realmente simples, e, portanto, não passíveis logicamente do tipo de definição que consiste em analisar. Esta é uma questão que não temos necessidade de decidir; para nossos objetivos, é suficiente observar que, como as capacidades humanas são finitas, as definições conhecidas por nós sempre começam em certo ponto, com termos indefinidos no momento, embora talvez não permanentemente." (Página 20)

[24] Essa verificação pode ser feita de forma simples com base nas tabelas de verdade da lógica formal. Realmente difícil e precisar os termos de cada asserção de forma incontroversa;

[25] Os termos verdadeiro e falso podem ser substituídos, por exemplo, pelos valores "0" e "1" tal como ocorre na álgebra booleana;

[26] São apenas estruturadas, ou seja, redigidas. Seria ingênuo imaginar que o processo decisório obedece as regras dos silogismos, no entanto, a forma de redação e justificação das decisões devem obedecê-la.

[27] Sobre o problema da indução Hume demonstra que não há nada de lógico ou de racionalmente dedutível de uma indução. O fato de que um efeito derivou de uma causa inúmeras vezes não é garantia de que o evento irá sempre se repetir da mesma forma, só a força do hábito o do costume é que impõe a repetição e não qualquer lei dedutível da natureza. "When it is asked, *What is the nature of all our reasoning concerning matter of fact?* The proper answer seems to be, that they are founded on the relation of cause and effect. When again it is asked, *"at is the foundation of all our reasonings and conclusions concerning that relation?* it may be replied in one word, Experience. But if we still carry on our sifting humor, and ask, *What is the foundation of all conclusions from experience?* This implies a new question, which may be of more difficult solution and explication. (…). In reality, all arguments from experience are founded on the similarity which we discover among natural objects, and by which we are induced to expect effects similar to those which we have found to follow from such objects. And though none but a fool or madman will ever pretend to dispute the authority of experience, or to reject that great guide of human life, it may surely be allowed a philosopher to have so much curiosity at least as to examine the principle of human nature, which gives this mighty authority to experience, and makes us draw advantage from that similarity which nature has placed among different objects. From causes which appear similar we expect similar effects. This is the sum of all our experimental conclusions. Now

it seems evident that, if this conclusion were formed by reason, it would be as perfect at first, and upon one instance, as after ever so long a course of experience. But the case is far otherwise. Nothing so like as eggs; yet no one, on account of this appearing similarity, expects the same taste and relish in all of them. It is only after a long course of uniform experiments in any kind, that we attain a firm reliance and security with regard to a particular event. Now where is that process of reasoning which, from one instance, draws a conclusion, so different from that which it infers from a hundred instances that are nowise different from that single one? This question I propose as much for the sake of information, as with an intention of raising difficulties. I cannot find, I cannot imagine any such reasoning. But I keep my mind still open to instruction, if any one will vouchsafe to bestow it on me.".

[28] Princípio também conhecido como lei de Leibniz, ou princípio da indiscernibilidade dos idênticos. A filosofia ocidental se assenta sobre quatro pilares básicos, ou quatro leis: 1) não contradição; 2) terceiro excluído; 3) razão suficiente; 4) indiscernibilidade dos idênticos;

[29] Problema tratado por Deleuze em Diferença e Repetição, onde o autor usa como paradigma do extremamente pequeno a teoria de Leibniz e como paradigma do extremamente grande Hegel. "Perguntamos isto pois o extremo parece definir-se pelo infinito no pequeno ou no grande. O infinito, neste sentido, significa mesmo a identidade do pequeno e do grande, a identidade dos extremos. Quando a representação encontra em si o infinito, ela aparece como uma representação orgíaca e não mais orgânica: ela descobre em si o tumulto, a inquietude e a paixão sob a calma aparente ou sob os limites do organizado. Ela reencontra o monstro. Então, já não se trata de um feliz momento que marcaria a entrada e a saída da determinação no conceito em geral, o mínimo e o máximo relativos, o *punctum proximum* e o *punctum remotum*. É preciso, ao contrário, um olho míope, um olho hipermétrope, para que o conceito incorpore todos os momentos: o conceito é agora o Todo, seja porque estende sua bênção sobre todas as partes, seja porque a cisão e a desgraça das partes nele se refletem para receber uma espécie de absolvição. Portanto, o conceito segue e esposa a determinação de um extremo a outro, em todas as suas metamorfoses, e a representa como pura diferença, entregando-a a um fundamento em relação ao qual já não importa saber se se está diante de um mínimo ou de um máximo relativos, diante de um grande ou de um pequeno, nem diante de um início ou de um fim, pois os dois coincidem no fundamento como um mesmo momento "total", que é também o do esvaecimento e da produção da diferença, o do desaparecimento e do aparecimento." (Página 51)

[30] Esse e outros exemplos citados no mesmo texto são denominados na teoria do conhecimento "o problema de Gettier".

[31] "Suponha-se que eu faça uma afirmação – qualquer afirmação. Você poderia me perguntar

se o que eu disse é algo que apenas presumo ser verdade ou que sei de fato. Se respondo que é algo que sei, você tem o direito de me perguntar *como* sei. Terei então que citar algo para dar suporte a minha afirmação: minha evidência, minhas referências, algo. A questão, no entanto, pode ser refeita: isso que cito em defesa da minha afirmação original é algo que apenas presumo ou algo que sei? Se a resposta for a primeira ela não servirá para o trabalho que dela se espera: não se pode basear o conhecimento em uma mera suposição. Se for a segunda, ela necessitará, por sua vez, de um suporte, e assim por diante. Na prática, obviamente, as tentativas de fornecer justificativas chegam à estagnação. Mas como? O cético dirá que nossas ideias simplesmente acabam: ou não temos nada a dizer, ou voltamos sempre ao mesmo ponto. Como exigência implícita d conhecimento, cada afirmação que faço incita uma nova problemática; e em virtude dessas problemáticas constantemente refeitas, posso fazer apenas uma destas três coisas: 1- Continuar pesando em algo novo para dizer – isto é, iniciar um regresso ao infinito; 2- Em algum momento, recusar-me a responder - isto é, fazer uma suposição dogmática; 3- Em algum momento, repetir algo já dito, isto é, raciocinar num círculo. (...) Podemos chamar esse conjunto de opções de "Trilema de Agripa"". (Páginas 72 e 73).

[32] "Voy a llamar, de ahora en adelante, a las realizaciones que comparten esas dos características, 'paradigmas', término que se relaciona estrechamente con 'ciencia normal'. Al elegirlo, deseo sugerir que algunos ejemplos aceptados de la práctica científica real —ejemplos que incluyen, al mismo tiempo, ley, teoría, aplicación e instrumentación— proporcionan modelos de los quesurgen tradiciones particularmente coherentes de investigación científica. Ésas son las tradiciones que describen los historiadores bajo rubros tales como: 'astronomía tolemaica' (o 'de Copérnico'), 'dinámica aristotélica' (o 'newtoniana'), 'óptica corpuscular' (u 'óptica de las ondas'), etc. El estúdio de los paradigmas, incluyendo muchos de los enumerados antes como ilustración, es lo que prepara principalmente al estudiante para entrar a formar parte como miembro de la comunidade científica particular con la que trabajará más tarde. Debido a que se reúne con hombres que aprenden las bases de su campo científico a partir de los mismos modelos concretos, su práctica subsiguiente raramente despertará desacuerdos sobre los fundamentos claramente expresados. Los hombres cuya investigación se basa en paradigmas compartidos están sujetos a las mismas reglas y normas para la práctica científica. Este compromiso y el consentimiento aparente que provoca son requisitos previos para la ciência normal, es decir, para la génesis y la continuación de una tradición particular de la investigación científica." (páginas 33 e 34).

[33] A visão é um bom exemplo. Ver não é uma ato puramente físico. O simples olhar já traz em si um dose de interpretação, ainda que, em princípio inconsciente. Desta forma aquilo que se vê depende

daquele que vê. A esse respeito veja Kahneman, Daniel, Thinking, fast and slow.

[34] Além da questão semântica (significado) há que se levar em conta a ordem de encadeamento dos termos e de construção das mensagens e do raciocínio dentro dessa mesma linguagem (sintática). Essa separação entre sintática e semântica, deve se frisar, é puramente didática na medida em que o significado de um termo é dependente do contexto, que, por sua vez é influenciado pelo significado dos termos que nele são empregados. No entanto essa separação é necessária para efeito de análise da linguagem, da racionalidade e da justificação, já que sem a ordenação dos discursos pela via de padrões discerníveis de exposição sua compreensão se torna impossível o que acabaria por frustrar o objetivo de qualquer discurso.

[35] Verdade em termos lógicos (que nada tem a ver com a verdade filosófica ou com a linguagem coloquial) trata-se apenas de um valor em oposição a outro, como zeros e uns em termos de lógica booleana.

[36] Isso acontecerá quanto a definição chegar a um ponto circular em que o termo definido é usado na definição.

[37] O problema da justiça formal, descrito por Perelman (1996) consiste no enquadramento de um certo indivíduo em dada classe cujas características são estabelecidas pelo legislador. A justiça seria, então, tratar todos os "x" de forma "y'. Onde "x" é uma classe e "y" a forma de tratamento devida aquela classe.

[38] Conhecido como princípio de Leibniz segundo o qual $\forall x \; \forall y \; \forall \Phi \; ((\Phi x \rightarrow \Phi y) \Leftrightarrow x=y)$.

[39] Ou Trilema de Münchhausen, é o argumento cético mais forte contra a impossibilidade de se obter a verdade platônica pela via do conhecimento.

[40] Essa é a característica da norma hipotética fundamental da Teoria Pura do Direito (KELSEN,).

[41] O que levou Göedel a postular o teorema da incompletude, afirmando que toda teoria será ou incompleta (na medida em que não alcança os axiomas primários) ou inconsistente já que alcançados os axiomas eles não podem ser provados no âmbito da teoria.

[42] Os raciocínios analíticos são aqueles em que um fenômeno é observado e descrito em que a ele se agregue nada de novo, ao contrário os nos sintéticos há a síntese de dois fenômenos distintos. A questão é se há algum paralelo entre os raciocínios analíticos e os conhecimentos *a priori* e entre os raciocínios sintéticos e os conhecimentos a *posteriori*. Em outras palavras, se existe conhecimento sintético *a priori*.

205

⁴³ Volta-se ao teorema da incompletude de Göedel.

⁴⁴ Isso é um falso problema. Na medida em que as palavras são nomes de classes cujas características se encontram nas definições e que a classificação é um processo arbitrário uma ave branca não é um corvo mas outra ave, pertence a uma outra classe.

⁴⁵ Há o problema da contradição entre princípios que deve ser resolvida pelo critério da ponderação. Uma vez ponderados há que se descobrir de qual deles a norma deve ser deduzida.

⁴⁶ Os princípios fundamentais são aqueles positivados nos artigos primeiro ao quarto do texto constitucional. Os princípios gerais são as normas garantidoras das liberdades públicas e os setoriais se espalham por todo o texto constitucional, por exemplo, os princípios concernentes a ordem tributária definidos no artigo 145.

⁴⁷ Nessa obra o autor discorre sobre as várias concepções de conhecimento e de relações entre palavras, conceitos e ideias e demonstra que o dito método experimental não é neutro na medida em que, de antemão, escolhe as hipóteses que serão expostas à análise e verificação. Essa exclusão se dá em duas direções: por um lado certos fatos são tidos como previamente válidos, por outro há fatos que são considerados irrelevantes ou por demais improváveis e, por isso, não são merecedores de atenção. Essa seleção atende a critérios ditados pela visão de mundo subjetiva de quem os aplica o que é o suficiente para condenar a suposta imparcialidade do método científico.

⁴⁸ São amplamente conhecidas as reflexões de Foucault sobre as relações entre saber e poder. A ligação pouco explorada é a que há entre poder e discurso. Como o mundo humano (relacional) se desenvolve na esfera do discurso o verdadeiro poder é a apropriação das regras do discurso em uma dada comunidade, é nesse sentido que saber implica em poder. O domínio das regras discursivas conduz a apropriação do discurso que, por sua vez, leva ao controle dele e das relações por ele engendradas.

⁴⁹ Para Popper a nota da cientificidade é a possibilidade de provar que os resultados obtidos são falsos. Essa é a forma encontrada por ele para escapar ao problema da indução proposto por Hume. Assim o que distingue a ciência de uma "falsa ciência" é a possibilidade da crítica dos resultados obtidos, em outras palavras, se a indução por si só não prova a verdade de uma proposição a solução é admiti-la como verdadeira até que o próprio procedimento indutivo a negue, para isso os parâmetros usados na obtenção da proposição devem ser claros.

⁵⁰ "argumentum ad verecundiam" ou "argumentum magister dixit", é uma falácias lógicas que busca impor a conclusão única e tão somente com base na suposta autoridade de quem formula uma asserção. Essa asserção será, então, a premissa maior de um raciocínio dedutivo.

⁵¹ É interessante a discussão sobre a precedência da sociedade sobre o indivíduo. A questão é

se a sociedade é um conjunto de indivíduos os se os indivíduos tem como condição suficiente e necessária a existência de uma sociedade. Esse dilema é muito próximo daquele apontado pela dogmática jurídica atual: O ordenamento jurídico é um conjunto de normas jurídicas, ou as normas são jurídicas porque estão inseridas no ordenamento?

[52] Há que se voltar aos conceitos de diferença e repetição, bem como aos de ritual e hábito. Não existem regras gerais (baseadas na igualdade), mas apenas o diferente que se repete. Assim, os conceitos de diferença, que possibilita a individuação pelo contraste e de memória, que permite a repetição (só se pode repetir aquilo que de uma forma ou outra se lembra), são imprescindíveis a compreensão do mundo, da sociedade e, por via de consequência, do direito.

[53] O direito está inserido no ambiente de normatização e monitoração da vida em sociedade. Assim como a linguagem e as demais práticas sociais, o direito é produto e ao mesmo tempo produtor do tecido social por meio da recursividade e da reflexividade de suas práticas;

[54] As sociedades criam paradigmas de normalidade que devem ser seguidos. Com esses padrões se busca a consolidação do sistema de valores que dita a identidade de uma dada sociedade. O direito funciona como um repositório (ainda que não o único) dos padrões de normalidade, e age de duas formas: A) ditando os padrões normais versus os anormais; B) Pela via da sanção tentando inibir o desvio e reconduzir os desviantes ao padrão.

[55] Citando as lições do Prof. Dr. Márcio Pugliesi, em sala de aula: "entre eu e mim há muitos."

[56] Uma abordagem muito interessante sobre a individualidade e sobre os diferentes pontos de vista sobre o mundo pode ser encontrada na transcrição do curso ministrado por Deleuze sobre Leibniz.

[57] É interessante frisar um ponto que, em geral, fica esquecido. Todas as normas são criadas para regular comportamentos condicionais, isto é, comportamentos que o indivíduo pode ou não adotar. Onde não há opção a norma é inútil. O fato é que toda norma que determina um certo comportamento em dadas circunstâncias elege o comportamento oposto como anormal (contra a norma) por isso pode-se afirmar que o anormal é criado pela norma.

[58] A discussão acirrada entre os constitucionalistas sobre o problema das normas programáticas e normas de procedimento que seriam desprovidas de sanção é propositalmente evitada. Sob ponto de vista do texto toda norma possui sanção ainda que não direita ou imediata.

[59] Conceito utilizado pela escola da "Nova História" que engloba os fenômenos das mentalidades de duração longa e modificação gradual.

[60] Não cabe aqui a discussão, ociosa, entre norma primária e secundária, basta afirmar que toda norma tem dois destinatários.

[61] Essa dinâmica está na origem das liberdades públicas.

[62] É difícil precisar historicamente se a filosofia naturalista precede a positivista, mas, ao que parece o direito natural em sua forma sistemática surge como reação a predominância do direito positivo nos grupos sociais;

[63] La philosofie du droit, ou le droit naturel, est la Science qui expos eles premiers príncipes du droit conçus par la rasion et fondes dans la nature de l'homme, considérre em ellemême et dans ses rapports avec l'ordre universel des choses (AHRENS, 1875, p. 1)

[64] A polêmica gerada pelo julgamento da constitucionalidade (ADI 3510) do dispositivo contido na lei de biossegurança (11.105/2005) que permite experimentos com células tronco embrionárias gira em torno da definição jurídica de ser humano, em outras palavras, o que é, juridicamente, vida humana merecedora de proteção. Essa questão não foi diretamente enfrentada no acórdão que resolveu a questão.

[65] Após os atentados de 11/09/2001 ocorridos nos Estados Unidos da América, foram editados, por aquele país, os chamados atos patrióticos (Patriot Act), um conjunto de leis que, em síntese, suspende as garantias individuais, o devido processo legal e todos os direitos individuais das pessoas suspeitas de terrorismo. Seria interessante a análise desses dispositivos legais a luz da fórmula de Radbruch.

[66] Trata-se de uma verdadeira criação. De fato toda ciência cria seu próprio objeto na medida em que faz um corte artificial sobre o todo. A criação do objeto é que determinará os métodos a serem empregados nesta ou naquela ciência.

[67] O direito natural implica em uma ordem dualista onde o direito justo, conforme a natureza se contrapõe ao direito positivo.

[68] First Minute

'An order is an order', the soldier is told. 'A law is a law', says the jurist. The soldier, however, is required neither by duty nor by law to obey an order whose object he knows to be a felony or a misdemeanor, while the jurist—since the last of the natural lawyers died out a hundred years ago—recognizes no such exceptions to the validity of a law or to the requirement of obedience by those subject to it. A law is valid because it is a law, and it is a law if, in the general run of cases, it has the power to prevail. This view of a law and of its validity (we call it the positivistic theory) has rendered jurists and the people alike defenceless against arbitrary, cruel, or criminal laws, however extreme they might be. In the end, the positivistic theory equates law with power; there is law only where there is power. (RADBRUCH, 2006, p.13)

208

[69] One thing, however, must be indelibly impressed on the consciousness of the people as well as of jurists: There *can* be laws that are so unjust and so socially harmful that validity, indeed legal character itself, must be denied them. (RADBRUCH, 2006, p. 14)

[70] Staturory Lawlessness and Supra-Statutory Law (1946), (RADBRUCH, 2006, p. 1-11)

[71] Las normas promulgadas conforme el ordenamiento y socialmente eficaces perden su carácter jurídico ou sua validez jurídica cuando son extremamente injustas. Más breve incluso: La extrema injusticia no es derecho.

[72] Os exemplos são citados pelo próprio Radbruch na obra citada (2006), e por Alexy (2001). Eles variam de homicídio a expropriação de bens. O caso citado por Alexy, dos soldados responsáveis pela guarda do muro que são, depois da reunificação, condenados por homicídio por terem atirado em fugitivos é digno de nota, por trazer a tona os problemas da aplicação da fórmula.

[73] Essa forma de perceber a constituição do conhecimento humano é brilhante e muito útil para a demarcação entre o conhecimento e o palpite, mas não consegue resolver nem evitar as consequências do Trilema de Agripa, já que o raciocínio dedutivo não pode regressar ao infinito sempre haverá um dogma inicial (axioma ou fundamento).

[74] É urgente o abandono do adágio "decisão judicial não se discute, se cumpre". É certo que com o mecanismo da coisa julgada e com o princípio constitucional da inafastabilidade em um dado momento as decisões devem ser cumpridas e passam a gozar de uma relativa estabilidade, mas isso não implica que elas estejam imunes a análises críticas formuladas pela sociedade e pela academia.

[75] Nesse ponto deve ser observado o velho brocado latino "aquilo que não está nos autos não está no mundo". O mundo da justificação das decisões judiciais são os autos processuais.

[76] O termo verdadeiro, nesse contexto, não pretende uma conexão ou correspondência com a realidade, mas sim a formação de enunciados tidos como válidos segundo as regras processuais.

[77] Mesmo quando o ônus é distribuído legalmente, no sistema dispositivo, os interessados tem poder em sua distribuição na medida em que são livres para formular pontos e questões de fato.

[78] O maior perigo da inversão indiscriminada do ônus da prova é a imposição de uma prova impossível a outra parte. Em muitos casos a prova negativa se reveste desse caráter. Um bom exemplo é a prova de não pagamento por parte do credor. Quando isso ocorre a inversão do ônus da prova se constitui em verdadeira presunção absoluta extralegal.

[79] Direitos absolutos são aqueles oponíveis contra a toda coletividade e que geram uma obrigação passiva universal.

[80] O conceito de situação jurídica está de acordo com as objeções a patrimonialização dos

direitos indisponíveis. Segundo essa corrente, a assimilação dos direitos indisponíveis aos direitos absolutos produziria o seu enquadramento jurídico como direito real, o que, de alguma forma, poderia diminuir-lhes a importância (MORAES, 2006).

[81] A competência processual é definida, no direito brasileiro, pela legitimidade ou pela pertinência subjetiva da demanda.

[82] A possibilidade jurídica do pedido, também incluída nas condições da ação, é um conceito em total desuso uma vez que é redundante ao conceito de interesse.

[83] Há uma grande confusão com o termo personalidade que decorre da carga retórica e emotiva a ele atribuídas. Personalidade, escrito em maiúscula, denota algo de superior dotado de uma dignidade própria. Quando se fala em personalidade jurídica o que se define é apenas um centro de imputação de direitos e deveres sem nenhuma conotação moral. Um ordenamento jurídico dotar de personalidade objetos inanimados e negar personalidade a certos seres humanos. Isso não nos é estranho. O direito brasileiro confere personalidade a empresas, condomínios, fundações e outros seres que não são humanos. Por outro lado, o regime da escravidão só foi possível com a negação da personalidade aos escravos.

[84] A esse respeito são elucidativas as discussões sobre as células tronco levadas a cabo em torno do julgamento pelo Supremo Tribunal Federal, sobre a constitucionalidade da lei de biossegurança no tocante pesquisa com células tronco embrionárias.

[85] Artigo 66 do CC Português: "1- A personalidade adquire-se no momento do nascimento completo e com vida. 2- Os direitos que a lei reconhece aos nascituros dependem de seu nascimento." Artigo 1 do CC Italiano: "La capacità giuridica si aquisita dal momento dela nascita. Il diritti che la legge riconosce a favore del concepto sono subordinati all'evento dela nacita." Artigo 29 do CC Espanhol "El nascimento determina la personalidade; pero el concebido se tiene por nacido para todos os efectos que lhe seam favorables, siempre que nazca con las condiciones que expressa el arrtículo siguiente. Artículo 30 – Para los efectos civiles, solo se reputará nacido el feto que tuviere figura humana y vivieire veitequatro horas enteramente desprendido del seno materno"

[86] É impressionante a quantidade de teorias sobre esse tema que se pode encontrar na doutrina nacional. Pontes de Miranda em seu Tratado de Direito Privado elenca oito teorias principais sobre o tema Para um aprofundamento no tema vide MIRANDA,1999, p. 220-223.

[87] Essa classificação é bastante controvertida na doutrina brasileira.

[88] Evento causado pela vontade um terceiro (ato) que não é figura da relação jurídica em exame.

www.ingramcontent.com/pod-product-compliance
Lightning Source LLC
Chambersburg PA
CBHW051644170526
45167CB00001B/332